Um Passeio pela Antiguidade:

na companhia de Sócrates,
Epicuro, Sêneca e outros
pensadores

Roger-Pol Droit

Um Passeio pela Antiguidade:
na companhia de Sócrates,
Epicuro, Sêneca e outros
pensadores

2ª edição

T*radução*
Nicolás Nyimi Campanário

Rio de Janeiro | 2016

Copyright © Odile Jacob, Octobre 2010

Título original: *Vivre aujourd'hui avec Socrate, Épicure, Sénèque et tous les autres*

Capa: Sérgio Campante

Editoração: FA Editoração Eletrônica

Texto revisado segundo o novo
Acordo Ortográfico da Língua Portuguesa

2016
Impresso no Brasil
Printed in Brazil

Cip-Brasil. Catalogação na fonte
Sindicato Nacional dos Editores de Livros. RJ

D848v
2ª ed.
	Droit, Roger-Pol, 1949-
	    Um passeio pela Antiguidade: na companhia de Sócrates, Epicuro, Sêneca e outros pensadores/Roger-Pol Droit; tradução Nicolás Nyimi Campanário. 2ª ed. Rio de Janeiro: Difel, 2016.
	    196p.: 23 cm
	
	    Tradução de: Vivre aujourd'hui avec Socrate, Épicure, Sénèque et tous les autres
	    ISBN 978-85-7432-120-2
	
	    1. Filosofia - História. 2. Filosofia antiga. 3. Filósofos. I. Título.
	
	                                                                       CDD: 109

11-8459.	CDU: 1(09)

Todos os direitos reservados pela:
DIFEL - selo editorial da
EDITORA BERTRAND BRASIL LTDA.
Rua Argentina, 171 — 2º. andar — São Cristóvão
20921-380 — Rio de Janeiro — RJ
Tel.: (0xx21) 2585-2070 — Fax: (0xx21) 2585-2087

Não é permitida a reprodução total ou parcial desta obra, por
quaisquer meios, sem a prévia autorização por escrito da Editora.

Atendimento e venda direta ao leitor:
mdireto@record.com.br ou (0xx21) 2585-2002

À memória de Pierre Hadot
(1922-2010)

"No fundo, apenas um punhado
de livros antigos contou em minha vida;
os mais célebres não fizeram parte dela."
FRIEDRICH NIETZSCHE, *O crepúsculo dos ídolos* (1888),
"O que devo aos Antigos"

AGRADECIMENTOS

Minha gratidão, ainda viva, aos mestres que me ensinaram, desde a infância até a juventude, o latim e o grego.

Agradeço também aos estudantes do meu seminário de 2009-2010 em *Sciences-Po* (*Qui sont les Anciens?*), que me auxiliaram com sua atenção e com suas perguntas.

Sou grato a Michèle Bajau pela preciosa ajuda na redação do manuscrito.

Este livro não teria existido sem a atenção constante de minha companheira, Monique Atlan, a quem devo muito mais do que isso.

Sumário

Intenção 15

Introdução
Colorir o mármore 17
O vínculo rompido (18) — Multicoloridos e agitados (20) — Realidades a serem construídas (24) — Inevitável anacronismo (27)

I — VIVER

1 — Descobrir os gestos cotidianos
Homero, Virgílio 37
Um mundo de conflitos (38) — Texto-mundo, mundo-texto (41) — Herança e vingança (45) — Que lições? (49)

2 — Como um deus entre os homens
Epicuro, Zenão de Cítio, Pirro 53
Um jardim sem perturbações (56) — A fortaleza da alma (59) — Quando a dúvida torna feliz (62) — Que lições? (66)

II — PENSAR

3 — Ouvir a verdade
Heráclito, Demócrito 75
A palavra do mundo (78) — O homem que ri do sem sentido (83) — Um par simbólico (87) — Que lições? (90)

4 — Manter a mente aberta
Platão, Aristóteles, Sexto Empírico 93
O homem que prefere o imutável (95) — O homem que quer saber tudo (99) — O homem que duvida de tudo (102) — Que lições? (103)

III — EMOCIONAR-SE

5 — Atravessar a desgraça
Ésquilo, Sófocles 109
A dor dos outros é nossa dor (112) — As palavras dos outros são nossas palavras (114) — Que lições? (117)

6 — Rir de si mesmo
Aristófanes, Luciano 119
A perigosa ambiguidade (121) — Voltaire em Roma (123) — Que lições? (127)

IV — GOVERNAR

7 — Deixar-se desestabilizar
Sócrates, Diógenes 133
Um homem incomum (134) — Destruição positiva (140) — O perturbador radical (142) — Que lições? (147)

8 — Falar para convencer
Demóstenes, Cícero 151
O atleta dos discursos de defesa (152) — O mestre abandonado (155) — Que lições? (158)

V — MORRER EM PAZ

9 — Saber o preço do tempo
Heródoto, Tucídides 165
 Curioso em relação aos outros (166) — A obsessão pela posteridade (169) — Que lições? (171)

10 — Partir sem arrependimentos
Calano, Sêneca 173
 Uma pira espetacular (176) — Um suicídio tão longo (179) — Que lições? (183)

Conclusão
Humanidades e humanidade 185
 Tensões, ligações (188) — A ignorância e o amor (189) — Plural e singular (192) — Reinventar a viagem (194)

Intenção

Este livro é um passeio pela Antiguidade que segue um itinerário subjetivo e irrestrito. Ele não é, pois, um trabalho de pesquisa, tampouco um ensaio acadêmico.

O propósito desse passeio é procurar, junto aos Antigos, regras de vida e pensamento que nos faltam.

Não se trata de perguntar a Sócrates de que lado dormir, a Epicuro o que se deve comer de manhã, a Sêneca como gerir as próprias economias.

Proponho, antes, uma abordagem diferente de algumas experiências de existência e pensamento centrais para gregos e romanos. Qualquer um, hoje, pode inspirar-se nelas para elaborar sua trajetória pessoal.

Enquanto as mudanças em curso tendem a fazer esquecer as humanidades, os encontros com a humanidade antiga devem multiplicar-se, pois essas viagens ao passado condicionam, em grande parte, nosso futuro.

Introdução

Colorir o mármore

Et duplices tendens ad sidera palmas.
"Estendendo suas duas mãos para o céu..."
Pronuncio essas palavras aos 13 anos de idade. Estou de pé sobre o tablado, recitando versos de Virgílio aprendidos de cor. São os primeiros de *Eneida*. O herói se encontra em uma terrível tempestade. Tremendo de frio, suplica, implora, geme, evoca aqueles que morreram lutando por uma morte mais gloriosa que um afogamento gelado. Lamenta não morrer lutando e se aflige com o destino obscuro que o ameaça...

Tínhamos, a cada trimestre, exames de recitação latina. Sorteávamos, um de cada vez, um papel com uma referência e declamávamos, corajosamente, algumas linhas de Tito Lívio ou de Cícero, alguns versos de Horácio ou de Virgílio — como eu, naquele dia.

O mesmo ritual se repetia de trimestre em trimestre, ano após ano. Tínhamos esses exames do sétimo ano em diante. Detalhe importante: eu não estudava em um liceu com padres nem em uma instituição particular. Meu pai jamais toleraria que eu fosse aluno no ensino privado. A recitação latina não era de modo algum estranha, tampouco uma inacreditável exceção. A cena ocorreu em um liceu da República, em Paris, há apenas algumas décadas.

No ensino público, laico, obrigatório e gratuito, eu fazia esses exames de recitação latina, mas também de versões latinas, de temas gregos, de exposições sobre as guerras púnicas, sobre a conquista dos gauleses ou sobre as comédias de Plauto.

O latim, naquela época, era ensinado a partir do quinto ano. Assim, comecei a aprendê-lo com 10 anos de idade. No sétimo ano, podia-se acrescentar o grego, que me fez descobrir outras formas de letras — em todos os sentidos: grafia e alfabeto diferentes, mas também epopeias, tragédias, discursos políticos — e, mais tarde, textos filosóficos.

Por que começar com esses fragmentos de lembranças? Não tenho nenhum apreço especial pelas Memórias e prefiro que as anedotas, como se espera, caiam no esquecimento. Nostalgia? Também não. Tenho consciência de que os tempos mudaram: essa época já se encerrou, definitivamente. É inútil, pois, defender um retorno a essas pedagogias. Esses tempos passaram, e não creio nem nos lamentos nem nas ressurreições.

Em compensação, creio nas separações entre os momentos da história, na necessidade de constatá-las, na utilidade de medir seus efeitos. Quando suas consequências se revelam nefastas, julgo indispensável procurar um remédio para elas. Por isso, ao recordar essas velharias, esse ensino que se parecia mais com o século XIX e com os relatos de Jules Vallès do que com o rap do presente, quis evidenciar, em primeiro lugar, uma ruptura.

O vínculo rompido

Algo se rompeu na continuidade de nossas relações com os Antigos. Há duas ou três gerações, tudo o que havia sido transmitido,

Introdução

bem ou mal, durante dois mil e quinhentos anos, foi deixado de lado, abandonado pela escola. Nos anos 1960, ainda se ensinava o que fora ensinado — de diferentes formas, certamente, mas com um resultado um tanto semelhante — aos jovens gregos da Antiguidade, aos jovens romanos do Império, aos estudantes da Idade Média e aos do Iluminismo.

Como todos sabem, gregos e romanos alimentaram constantemente o imaginário da cultura europeia. Voltem-se para a história, olhem para onde quiserem... Eles estão por toda parte! Da pintura ao cinema, de Shakespeare a Cocteau ou Giraudoux, passando por Racine, Hugo e centenas de outros, vocês os encontrarão constantemente. Seja em Montesquieu ou em Robespierre, em Marx ou até em Hitler, gregos e romanos são continuamente recompostos, puxados em sentidos contrários, mas sempre identificáveis.

Não se deve supor que eles sobrevivem apenas na pintura, no teatro ou na filosofia. A presença dos Antigos impregna as palavras da língua, a superfície das ruas, os costumes nacionais, os sistemas jurídicos, os nomes de lugares, os tetos das casas, o arranjo dos caminhos e das culturas, as instituições, as festas e os contos populares. Entre outros...

Entretanto, sabe-se disso cada vez menos. O acesso permanente às obras antigas é praticado apenas por especialistas em vias de desaparecimento. Tais especialistas são competentes, inovadores — não há dúvida disso. Atualmente, são até capazes de descobertas que nos séculos passados nem sequer se poderia imaginar. A pesquisa também progride nesse domínio. Mas a questão está em outro lugar: no afastamento vertiginoso que hoje se cavou entre os tesouros dos Antigos e o comum dos mortais.

No entanto, mais do que nunca, essas obras deveriam ser acessadas. O problema não é sua acessibilidade material. Quase todas estão disponíveis online, traduzidas para as línguas mais faladas. Incontáveis edições de bolso permitem, àqueles que assim desejem, viver em sua companhia e nelas descobrir incontáveis maravilhas e inesgotáveis possibilidades de sabedoria. O que falta, então? Explicação, encorajamento, atração, estímulo. Talvez falte simplesmente afeto.

Nas próximas páginas, encontraremos algumas tentativas nesse sentido. Objetivos: permitir que os leitores tenham seus primeiros encontros, ou novas perspectivas. Ajudar a criar familiaridade com esses grandes monstros eternamente vivos que são os Antigos. Indicar pistas, traçar itinerários de caça ao tesouro, estabelecer possíveis encontros, sem, contudo, ser excessivamente diretivo, para que cada pessoa conserve a invenção da própria trajetória. Mais que um manual ou guia, gostaria que este livre percurso fosse realmente como um passeio, informativo, mas subjetivo, por entre temas e figuras das heranças grega e romana.

As forças que residem nessa herança ainda são indispensáveis a cada um de nós. Elas são até mesmo mais necessárias agora, no presente, do que o eram há algumas décadas. Em um mundo complexo, conflituoso, angustiante, saturado de mensagens e de imagens, há uma necessidade cada vez maior de beber dessa imensa reserva de experiências humanas, de exercícios espirituais, de regras de vida e de métodos de reflexão constituídos das obras dos Antigos. Ora, somos privados de sua companhia justamente quando mais precisamos deles.

Multicoloridos e agitados

Que processo nos afastou dos Antigos? A necessidade de ensinar ciências em um mundo cada vez mais técnico certamente era imperativa. Entretanto, isso nunca impediu ninguém de letrar-se.

Introdução

O acúmulo é possível, desejável, mas se tornou impraticável. Ocorreu algo simples e triste: a matemática passou a ser considerada um instrumento mais eficaz, e sobretudo mais objetivo, do que as humanidades. Objetivo porque o instrumento matemático passou a ser julgado socialmente neutro em relação às heranças culturais e às desigualdades sociais. Todos são iguais, pensava-se, diante das equações a serem resolvidas. Por outro lado, comentar a batalha das Termópilas e as alucinações de Orestes favorecia aqueles que — por sorte, por herança, por casta — podiam ouvir falar desses temas à mesa, em casa, no domingo.

Desse modo, com a virtuosa intenção de restabelecer o equilíbrio, de acabar com a desvantagem patrimonial das classes desfavorecidas, conseguiu-se privar a todos — e, em primeiro lugar, aos desfavorecidos! — das indispensáveis riquezas humanas dos Antigos. Ora, não é de modo algum verdade que somente a matemática e a formação científica sejam úteis no mundo de hoje e no de amanhã.

Um diretor de recursos humanos, um empresário, um engenheiro ou um comerciante certamente poderiam tirar proveito tanto — diariamente! — das tragédias de Sófocles, da moral de Epicuro ou das estratégias da Guerra do Peloponeso quanto, senão mais ainda, da trigonometria e do cálculo de derivadas. Com efeito, esses homens de ação podem encontrar ali, em constante renovação, um poder humano, estratégico ou afetivo que não lhes será menos proveitoso, em seu trabalho, do que os dados das ciências.

Tenho certeza de que os Antigos podem ser para nós, a cada instante, da maior utilidade, em circunstâncias muito diversas e muito concretas do cotidiano. Neste livro, poderá ser encontrada uma série de exemplos disso. O leitor que procurar encontrará, por conta própria, centenas deles. A única coisa que importa é mudar o olhar, deixar de ver a Antiguidade como algo morto, respeitável e tedioso, vagamente decorativo mas inútil para o mundo real. É justamente o contrário.

Acredito em uma Antiguidade colorida. Imagino-a muito mais matizada, mestiça, barroca e barulhenta do que nossas representações habituais. Estamos acostumados a imaginar os Antigos em meio a mármores brancos, linhas depuradas e obras sóbrias. Essa frieza acadêmica é uma lenda, um artifício fabricado por nossa história cultural. Na Alemanha, no fim do século XVIII, Johann Joachim Winckelmann sonhava com a necessidade de imitar "a nobre simplicidade e a calma grandeza" dos gregos e dos romanos. Estes, contudo, não eram nem simples nem calmos.

Antes multicoloridos e agitados. Vinzenz Brinkmann, outro arqueólogo alemão, contemporâneo, observou no microscópio, sob uma luz projetada em ângulo, os restos dos pigmentos de cores nos afrescos, nos baixos-relevos, nas estátuas da Antiguidade. As reconstituições que ele propõe hoje mostram que azuis reais, amarelos vivos e vermelhos gritantes cobriam o mármore branco. Em suas maquetes, os templos, os teatros e os arcos do triunfo antigos se parecem mais com a Disneylândia do que com o museu do Louvre.

Não sei se Vinzenz Brinkmann tem razão ou não, não tenho competência para julgar. Mas isso não importa. Ao falar de uma Antiguidade colorida, desejo apenas criar uma imagem, sugerir que precisamos entender gregos e romanos como habitantes de um mundo vivo, carnal, imprevisível e múltiplo. Se quisermos, do melhor modo possível, tentar viver com eles, devemos começar nos livrando de alguns preconceitos que nos impedem de sair do lugar.

Não, eles não são objetos de museu, múmias acadêmicas, tampouco atores vestindo togas. Cessemos de venerá-los por princípio, de embalsamá-los com um respeito convencional. Eles não moravam em salas de aula nem em estantes de biblioteca,

Introdução

mas em um mundo violento, ao mesmo tempo rude e refinado, próximo do nosso em mais aspectos do que pensamos, e, contudo, a anos-luz de nosso cotidiano e de nossas certezas.

Entre os hábitos que nos despistam, a compartimentação dos gêneros e das disciplinas é central, mas não foi suficientemente observada. Desse modo, consideramos Sócrates um filósofo, e nisso não estamos errados. No entanto, começamos a sair do caminho quando passamos a considerá-lo *somente* do ponto de vista da filosofia. Trata-se de um erro de perspectiva que nos torna atentos apenas à sua "casa" específica no tabuleiro da história do pensamento ocidental.

Na realidade, a casa "Sócrates" não está separada das outras. Tendemos a acreditar que elas são isoladas porque as etiquetamos como "tragédia", "comédia", "história" ou "política". Elas estão ligadas, para nós, a rubricas ou a disciplinas diferentes da filosofia. Estou convencido de que somente podemos compreender Sócrates se o vincularmos à realidade — multicolorida e agitada — que foi sua.

Não há Sócrates sem a comédia, sem a tragédia, sem a invenção da história, sem os discursos na assembleia e sem o barulho das guerras. Os Antigos só podem ser apreendidos, em minha opinião, se os vincularmos uns aos outros e não os separarmos segundo as normas de nossos saberes. O que vale para Sócrates também vale para Epicuro, Sêneca, qualquer filósofo da Antiguidade. Cada um deles está ligado a "todos os outros" — não apenas aos outros filósofos, mas também a poetas, dramaturgos, historiadores, políticos.

Procurei, pois, não isolar os pensamentos. Pelo contrário, esforcei-me para restituir certos laços que teceram perpetuamente as ideias com a palavra poética, com o riso e com as lágrimas do teatro, com os conflitos armados, com a escrita da história. Sem dúvida esta é a primeira lição dos Antigos: para entender o sentido de um pensamento, mais vale se perguntar como ele viveu, em que paisagem se insere, a quem se dirige e por quê.

Para abordar, hoje, a Antiguidade grega e romana, é preciso inventar um novo imaginário; e isso certamente não se decreta com uma canetada, não é algo que se entrega pronto. Contudo, nada impede que se trabalhe nisso, que se incite cada um a inventar seu próprio caminho. Imaginavam-se outrora os autores antigos como modelos a serem imitados — todos perfeitos, todos admiráveis. Sua presença não cessou, durante séculos, de habitar de diversos modos a cultura europeia. Esse não é mais realmente o caso. Tal imaginário está em crise. Não temos mais uma resposta óbvia para a simples pergunta: quem são os Antigos?

Realidades a serem construídas

A quem precisamente se dá esse nome? A resposta será: classicamente, aos gregos e aos romanos que viveram e pensaram durante o período que se convencionou chamar de "Antiguidade". Pois bem. E o que mais? É necessário ser mais preciso. Com efeito, se eu perguntar "Quem são seus vizinhos?" ou ainda "Quem são os franceses?", haverá ao menos duas possibilidades de resposta.

A primeira diz respeito ao estabelecimento das identidades. Resposta factual: quem são os vizinhos? A resposta serão os seus nomes. Os franceses? A resposta serão as pessoas que têm nacionalidade francesa. À questão "Quem?" responde-se com uma enumeração, um anuário, uma série de nomes próprios, uma coleção de indivíduos.

Dessa perspectiva, os Antigos são todos os atores, criadores — dramaturgos, poetas, filósofos, escritores, mas também arquitetos,

Introdução

escultores, pintores, cientistas, navegadores ou geógrafos — que viveram na Antiguidade grega e romana, ou seja, entre os séculos VIII a.C. e VI d.C. Isso representa quase quinze séculos em que floresceu uma imensa diversidade de escolas, de pensamentos e de análises, organizadas sobretudo em torno de alguns eixos e referências comuns.

Limitar-se a fazer isso é insuficiente. Existe outro modo de entender a questão: como uma interrogação sobre a natureza própria, o temperamento, as características pelas quais se reconhecem aqueles que são objeto da interrogação. Desse ponto de vista, se eu perguntar "Quem são os vizinhos?", não me contentarei mais em apresentar os seus nomes. Procurarei saber quem eles são. Se eu perguntar "Quem são os franceses?", deverei me indagar — com ou sem razão — sobre uma suposta identidade nacional, um pretenso temperamento francês. Nesse caso, a discussão é aberta. As características procuradas continuam sendo compostas e discutidas, de modo aberto.

De acordo com esse viés, a pergunta "Quem são os Antigos?" não diz mais respeito ao catálogo nem à simples delimitação no espaço e no tempo. Exige uma análise de nossa representação dos Antigos ou, antes, das representações sucessivas que instalaram os autores da Antiguidade na posição de modelos, de referências, de pontos de partida.

O detalhamento disso ocuparia vários livros, mas suas linhas principais podem ser esboçadas de modo simples. Partamos novamente de uma evidência muito banal: os Antigos sempre existiram... Para os gregos, evidentemente existiam figuras anteriores à sua própria emergência ou desenvolvimento. Essas silhuetas originárias povoam diversos textos. Por exemplo, para Platão, os egípcios são *palaioi*, "antigos". Eles são até mesmo, de modo superlativo, *palaiotatoi*, "os mais antigos". De acordo com o filósofo, são

25

guardiões da memória da humanidade: muito antes dos gregos, eles acumularam conhecimentos e conservaram a lembrança de acontecimentos longínquos.

No diálogo de Platão intitulado *Crítias*, um velho sacerdote egípcio diz ao jovem Sólon, que será o fundador das leis da Grécia: "Vocês gregos são sempre crianças." A imagem que Platão constrói da Antiguidade egípcia é a de uma estabilidade que mergulha suas raízes na noite dos tempos, por oposição à novidade, sempre em surgimento, que os gregos encarnam. Em certo sentido, os gregos, em relação aos egípcios, seriam os Modernos.

Eis uma característica destinada a ter uma longa posteridade: os Antigos parecem fixos, até mesmo congelados, sempre idênticos a si mesmos — como se uma enganosa eternidade os desfigurasse —, enquanto os amantes da inovação, da ruptura e da criação seriam os Modernos.

É preciso tomar cuidado, apesar de tudo, para não abusar desse par que se impõe ao pensamento. Embora sempre tenham existido Antigos, nem sempre existiram Modernos. Pelo contrário: é possível dizer que a ideia sobre os Antigos é antiga, mas que a ideia sobre os Modernos é moderna. Com efeito, esta só se desenvolve realmente no Renascimento, a partir do momento em que um retorno aos textos antigos e ao trabalho de interpretação permitirá colocar a questão de sua revivescência, mas também de sua superação. Não se trata mais de ficar preocupado apenas em repetir e imitar os Antigos. Trata-se de reconsiderar seus ensinamentos — de modo criativo, original, vivo — para continuar a progredir, em sua companhia, mas no sentido de uma época que se mostra diferente da sua.

O Renascimento forja a ideia de uma ruptura com os Antigos, que também é uma forma de continuidade de sua herança. Uma grande parte da cultura clássica, e depois romântica, tanto no

INTRODUÇÃO

domínio literário quanto no filosófico ou no científico, se desenvolverá, ao longo das gerações, segundo um jogo dialético múltiplo entre continuidade e ruptura. A herança permite seguir em frente desde que haja em relação a ela tanto fidelidade quanto rebeldia.

Por fim, como salientou o historiador François Hartog, o par Antigos/Modernos possui como singularidade ser apenas temporal. Os outros pares célebres (gregos/bárbaros, pagãos/cristãos, fiéis/infiéis) eram geográficos e espaciais. Espacializar a divisão parecia ser algo possível: aqui estão os gregos, lá estão os bárbaros, aqui os fiéis, ali os infiéis etc. Em compensação, Antigos e Modernos existem tão somente na perspectiva histórica. Sua relação é não mais que temporal.

Essa distância no tempo, e não no espaço, condiciona o aspecto singular de toda relação com os Antigos: eles sempre são ao mesmo tempo reais e imaginários. Reais: sua existência é historicamente comprovada. Ninguém ousaria dizer que Heródoto, Aristóteles, César ou Virgílio são ficções, que eles nunca viveram, que suas obras jamais existiram. Temos esses textos — mesmo que sob uma forma alterada, eivada de erros ou incompleta —, e ninguém pode afirmar que essa herança antiga não é senão invenção ou miragem.

Inevitável anacronismo

Entretanto, os Antigos são semirrealidades. Na parte indiscutivelmente objetiva e factual de sua existência, enxerta-se sempre — inevitavelmente — uma parte de ficção e de fabricação imaginária. Embora os Antigos realmente tenham existido, devemos reinventá-los continuamente. É possível até pensar que a maneira como cada geração conta para si mesma o lugar e a função dos autores da Antiguidade é um bom indicador do lugar dessa geração na história.

27

Se ainda houver dúvida sobre essa permanente reinvenção, vejam-se filmes dos anos 1930, 1960 e 1980 que apresentam heróis da Antiguidade. Ben-Hur, Hércules e outros oferecem uma ilustração viva dessa recriação permanente. No *Ben-Hur* de Fred Niblo (1925), os romanos são maquiados, vestidos e penteados segundo os critérios dos anos 1920. No *Ben-Hur* de William Wyler (1959), os mesmos romanos são penteados, maquiados e vestidos de acordo com os critérios dos anos 1960.

Isso basta para perceber o quanto cada época, com base em fatos reais, os reconstrói necessariamente com seus próprios critérios. Disso se pode extrair uma consequência paradoxal, mas apenas à primeira vista: é impossível evitar o anacronismo.

Em geral, o anacronismo é considerado um defeito a ser evitado. Todo historiador deve afugentar essa besta negra. É proibido deslocar elementos de sua época para a que ele estuda. Embora se deva evitar esse tipo de deformação, não parece possível, no caso da Antiguidade, eliminá-la completamente. Por exemplo: constatamos que os Antigos fizeram poucas máquinas. Por disporem da força muscular dos escravos, eles elaboraram apenas uma parte dos utensílios mecânicos que o conhecimento técnico de que dispunham lhes teria permitido inventar.

Desse modo, os Antigos, como todos sabem, não utilizavam nenhum motor. Atribuir-lhes esse uso seria pura e simplesmente um anacronismo. Mas essa constatação só pode ser feita em virtude do fato de que *nós* temos motores. Como possuímos esses utensílios técnicos, constatamos sua ausência na Antiguidade. Nunca nenhum homem da Antiguidade se deu conta de que não tinha diesel! Nossa constatação é, pois, anacrônica — de modo indireto e sutil, sem dúvida —, mas, apesar de tudo, real.

Introdução

Outro elemento capital colore nossa visão dos Antigos e condiciona sua perpétua reinvenção: é nossa própria origem que acreditamos fabricar e contar por meio deles. Assim, os Antigos nunca fazem parte de áreas de conhecimento indiferentes ou neutras. Eles sempre constituem uma peça-chave da narrativa de nossa própria história, reinventada de século em século e de geração em geração. De acordo com a maneira como se imaginam a própria identidade, a própria gênese e desenvolvimento, fabrica-se esta ou aquela Antiguidade. Cada época, pois, procura elementos diferentes em sua referência aos Antigos e representa estes de modo diferente.

Contudo, o tempo dos grandes mitos fundadores acabou. Nenhum país da Europa procura mais forjar para si ancestrais que guerrearam ao pé das muralhas de Troia. Raros são aqueles que ainda sonham imitar obras de arte da Grécia antiga. Orar na Acrópole, como Renan fingia fazer em 1865, causaria riso ou indiferença.

Então, o que restou? Talvez o essencial. Uma vez livres dos mitos, das grandes representações, das lendas, das academias e dos museus, torna-se possível novamente viver em companhia dos Antigos, reencontrando a cada texto, como sinais ainda vivos, gestos simples, lições de humanidade e clarões de sabedoria. Nem uma visão do mundo nem um planeta de artifícios. Um passado presente, uma escola de vida, aberta e livre, em que podemos tentar aprender a reinventar o futuro.

I

VIVER

"Pensa-se como se vive."

DEMÓSTENES, *Segunda olíntica*

Diz-se a palavra viver em vários sentidos, como todos bem sabem. Existência biológica, reflexão moral, ação política, criação estética, ambições privadas, amores e ódios, alianças e rivalidades... são apenas algumas facetas que essa noção multiforme reúne.

Uma das maiores singularidades dos Antigos é a porosidade recíproca dessas significações. Para eles, elas não constituem, como geralmente é o caso para nós, unidades separadas, tampouco casas estanques e distintas.

Desse modo, as fronteiras da vida não são fechadas. Circula-se na Antiguidade muito mais suavemente do que nos tempos atuais. Nada impede que se passe, tanto com facilidade quanto com desconcertante estranheza, dos deuses para os homens, dos homens para os animais, de um costume para outro e até mesmo de uma ideia para o seu contrário, ou do riso às lágrimas.

O que conta, em minha opinião, são menos os grandes caminhos e divisões familiares do que os detalhes ínfimos, os gestos cotidianos. São estes que fazem os signos circularem e que permitem tecer esses fios, para nós surpreendentes, que ligam os heróis às crianças, os bárbaros aos gregos, os poetas aos camponeses ou aos filósofos.

Difícil, nessa circulação incessante, é isolar trajetos e separar temas. Com efeito, a questão da vida atravessa todos os capítulos deste livro: quer se trate de pensar, de emocionar, de governar, de morrer em paz, está sempre em jogo para os antigos a mesma tarefa, que Cesare Pavese outrora chamou de "o ofício de viver".

Apesar de tudo, é possível perceber dois caminhos principais no aprendizado desse ofício que os gregos, e depois os romanos, aperfeiçoaram de modo diferente do de outros. Nunca se trata para eles de considerar que a vida seja um assunto resolvido, roteiro sem improvisação, plano preestabelecido que bastaria ser executado mecanicamente. Muito pelo contrário, ela sempre tem de ser construída — estátua a ser esculpida, glória a ser estabelecida. Ou ainda destino, que convém tanto desafiar quanto cumprir.

Aperfeiçoar a vida significa, em primeiro lugar, se educar. Aprender as relações consigo mesmo assim como as relações com os outros, que pressupõem conflitos e enfrentamentos, mas que também se encarnam, por exemplo, na maneira de saudar, no modo de servir a mesa e nas leis da hospitalidade. Aqui, à unidade matizada da vida corresponde exatamente a unidade de livros nos quais é possível aprender tudo, desde os gestos da guerra até o tamanho das árvores frutíferas.

Essa educação deve produzir pessoas civilizadas e uma cultura comum. Através de muitas guerras e dilacerações, essa civilização perdurou por mais de uma dezena de séculos: nascida junto com Homero, ela ainda era compartilhada, ao menos como referência e como ideal, pelos últimos cidadãos do Império, que no entanto já viviam em um mundo completamente diferente.

Um segundo tipo de aperfeiçoamento surgiu no próprio âmago da educação grega. Sua meta era: a vida sem perturbações, serena e soberana. O objetivo, dessa vez, não é mais o de produzir pessoas civili-

VIVER

zadas, heróis ou cidadãos, mas sábios, capazes de realizar a perfeição acessível aos humanos. Aptos a superar os conflitos dentro de si mesmos e também com os outros. Suscetíveis de viver como deuses. Acessível a todos, mas alcançada somente por poucos, essa vida, suprema e simples, ainda nos faz sonhar.

1

Descobrir os gestos cotidianos

Homero, Virgílio

No começo era Homero. Tornar-se grego é aventurar-se com ele. Pois tornar-se grego — de onde quer que se seja, quem quer que se seja — é uma questão de língua, de cultura, de referências comuns, e não de sangue ou de raça. Isócrates diz isso sem ambiguidade em seu *Panegírico*: "[...] chamam-se gregos mais as pessoas que participam de nossa educação do que aquelas que possuem a mesma origem que a nossa". Ora, essa educação foi encarnada, resumida e transmitida sobretudo por Homero.

Homero não é poeta no sentido em que empregamos esse termo. Ele é ao mesmo tempo o molde, a base e o húmus do universo antigo. É por meio dele, sempre, que tudo se abre e se prolonga.

Para aprender a viver, para descobrir os gestos cotidianos e os valores que sustentam a existência de um homem de bem, basta ouvi-lo. Mesmo que sejam apenas um canto ou alguns versos. Ali certamente serão recolhidos muitos ensinamentos. Com efeito, tudo se encontra nele, desordenadamente: gestos usuais, jogos de

Um Passeio pela Antiguidade

sociedade, códigos de civilidade, modos de falar, expressões das emoções, regras que guiam a existência, relações dos homens e dos deuses, sem esquecer as rivalidades internas tanto de uns quanto dos outros.

Homero, ao longo de seus cantos, abraça tudo aquilo a que se chama viver: grandezas e mesquinharias, heroísmos e traições, nascimentos e mortes de aliados e de inimigos. É preciso repetir: sua obra está longe de ser o que chamamos atualmente de poema. É um texto-mundo, uma escola de vida. É a matriz da Antiguidade para se educar a viver como humano.

Um mundo de conflitos

NOME	Homero (não se sabe se ele realmente existiu, se foi uma única pessoa ou se esse nome representa uma série de poetas), nascido por volta de 800 a.C.
LOCAL	Grécia, naturalmente, mas o excesso de lendas não permite mais que se tenha certeza
LEITURAS	*Ilíada* e *Odisseia*
EM RAZÃO DE	Seu senso de conflito, de viagem e de retorno

Abra-se a *Odisseia* no canto I, a partir do verso 95. Atena calça suas sandálias, as mais belas, "divinas e douradas", que podem levá-la para todos os lugares, tanto na terra quanto no mar, à velocidade do vento. Ela pega sua lança "com ponta de bronze", com a qual, em combate, quando se zanga, "deita os heróis às fileiras"... Ei-la mergulhando, do alto do Olimpo, rumo à ilha de Ítaca.

Ela chega precisamente ao pórtico do palácio de Ulisses. Como se sabe, o herói, há muitos anos combatendo fora, ainda não voltou para casa. Sua mulher, Penélope, o espera, e seu filho, Telêmaco, cresce na aflição e na ignorância de não saber o que aconteceu com seu pai. A deusa guerreira vem falar com esse jovem. Para

Descobrir os Gestos Cotidianos

prodigalizar seus conselhos, ela aparece sob a aparência de um homem maduro que outrora foi amigo de Ulisses.

Na entrada do palácio os pretendentes se refestelam. Todos eles pretendem desposar a mulher de Ulisses assim que ela for oficialmente viúva. Esse bando de aproveitadores está hospedado no palácio há tempos. Esperando que alguém do grupo se ap   ose do corpo e dos bens da virtuosa heroína, todos gozam a vida — à sua custa. Quando a deusa chega, encontra esses malfeitores sentados diante das portas, sobre os couros dos touros que abateram com as próprias mãos, jogando tentos, espécie de jogo de damas. Criados lhes servem vinho, carnes, outros limpam as mesas com esponjas.

Muito antes que todos os outros, alguém viu a deusa, e foi Telêmaco, com rosto divino; pois ele estava sentado entre os pretendentes, mas com a alma pesarosa; ele via em seu coração o próprio pai, o herói! Se ele pudesse voltar (como ele caçaria todos esses pretendentes por toda a mansão!), retomar seu posto, reinar sobre sua própria casa! Telêmaco sonhava, misturado aos pretendentes. Mas ele viu Atena e foi diretamente ao pórtico: ele não suportava que um hóspede ficasse esperando em pé diante de sua porta! Perto dela ele parou, pegou-a pela mão direita, apanhou a lança de bronze e lhe disse, elevando o tom de sua voz, as seguintes palavras aladas:

Telêmaco — "Saudações! Aqui em casa, meu hóspede, saberemos acolhê-lo; primeiramente você almoçará, e depois nos contará o que o traz até nós."

Ele disse isso e a guiava. Atena o seguia. Quando entraram na elevada residência, ele foi colocar a lança que carregava na grade brilhante da grande coluna, onde já estavam apoiadas em quantidade outras lanças do valoroso Ulisses; depois, ainda conduzindo a deusa, ele a acomodou em uma poltrona que cobriu com uma cambraia, belo móvel trabalhado, com um apoio para os pés; para si mesmo ele tomou apenas um banco colorido, longe daqueles pretendentes cuja abordagem insolente e cuja tediosa algazarra poderiam ter desagradado seu hóspede do festim; ele queria falar-lhe sobre o ausente, sobre seu pai.

Aprende-se também a oferecer àquele que se está recepcionando algo para se lavar, como apresentar o pão, as bandejas com vitualhas, as taças de ouro em que se servem as bebidas. Durante esse tempo se serve e se farta, repetidas vezes, a matilha ociosa de pretendentes.

À parte, enquanto os cantos se seguem à refeição, Telêmaco compartilha sua preocupação a respeito do destino de seu pai e indaga sobre a identidade de seu hóspede. O falso velho amigo sugere-lhe que parta, que vá encontrar aqueles que Ulisses viu pela última vez, que recolha informações que eles possam ter. Pois seria possível que o guerreiro ainda estivesse vivo, que retornasse um dia, massacrasse os pretendentes e reencontrasse, por fim, tanto sua mulher quanto seu domínio.

Tudo está preparado, o resto pode prosseguir. A intriga está a caminho; o cenário, posto; a trama, esboçada. Cada um descobrirá pouco a pouco não apenas os comportamentos de cada dia, mas também o ciclo do imenso périplo e do retorno para casa, as virtudes da fidelidade e da astúcia, os enigmas do mundo e do coração. A violência dos conflitos e a espessura do tempo.

Essencialmente, Homero fala apenas do seguinte: dos conflitos e do tempo. Do enfrentamento de guerreiros, de chefes, de povos, de deuses, de homens e de monstros. Lutas encarniçadas pelo poder, mas também, e sobretudo, pela glória, pelo controle do futuro, pela eterna memória da posteridade. A *Ilíada* é o livro dos combates e do tempo, a *Odisseia*, o dos combates com o tempo.

O grande périplo do retorno à terra natal faz Ulisses compreender que é possível voltar ao mesmo lugar, mas nunca ao mesmo momento. A nostalgia não é um sofrimento que suprime um deslocamento no espaço. É uma dor suscitada pela resistência do tempo às nossas trajetórias. Ulisses por fim se vinga, massacra os pretendentes, reencontra sua mulher e seu domínio. Ele sai vitorioso — salvo sobre o curso inexorável dos anos.

Texto-mundo, mundo-texto

Uma página de Homero basta, não para ter ideia de seu gênio, mas para apreender uma evidência, hoje negligenciada: para entrar no mundo dos Antigos, ele constitui a via de acesso primordial. É um erro ir logo de início aos filósofos, geógrafos ou historiadores. Mestres da eloquência, retóricos e juristas tampouco constituem um primeiro caminho. Para entrever o universo mental e moral de gregos e romanos, convém dirigir-se a Homero. Até mesmo no baixo Império, na Antiguidade tardia, era Homero que estava na mente de um romano. Se as elites imperiais passarem a vir da Espanha, da Gália ou da Pérsia, ou ainda da Síria, do Egito ou da Bretanha, ainda será a comum referência aos valores, ao estilo de frase, às cenas contidas na *Ilíada* e na *Odisseia* que constituirão o maior sinal distintivo de sua educação.

Com efeito, por meio dos textos da *Ilíada* e da *Odisseia*, transmitia-se o essencial da educação. Não é por acaso, naturalmente, que a *Odisseia* se inicia com a inquietação de Telêmaco e com sua busca pela presença paterna. Também não é de modo imprevisto que esse jovem herói se tornará o paradigma da aprendizagem do saber e da vida. O primeiro romance de formação é justamente a *Odisseia*. A *Ilíada*, desse ponto de vista, vem em segundo lugar, mas também pode ser lido como um romance das origens, uma saga de toda a cultura helenística.

Homero apresenta as questões fundamentais que não só um jovem coloca a si mesmo mas também todo homem que cresce. Ele fornece as respostas, ou pelo menos as indica. Lendo-o, sabe-se como agir, segundo que valores se comportar, de que modo sustentar a existência, como combater, que atitude adotar diante dos outros, como construir um estratagema ou como frustrá-lo. Descobrem-se ali praticamente todos os códigos — de honra, de boas maneiras, de sedução, de guerra e de paz.

As epopeias homéricas são, pois, ao mesmo tempo, enciclopédias, romances de aventuras e manuais de bem-viver. Homero ensina história e geografia — graças a ele descobrem-se as origens do povo grego e as razões de sua altivez, da mesma forma como é possível situar-se para navegar na bacia mediterrânea.

Ler Homero é sonhar com a diversidade e a unidade do mundo, ser surpreendido pelos efeitos dramáticos, descobrir as intrigas dos deuses e os sentimentos dos homens. Seus cantos ensinam com precisão como o guerreiro deve se comportar em combate, suas relações cruciais com a honra e com a morte. Com efeito, seu texto determina tudo o que um homem grego deve saber — nessa cultura, a educação se dirige principalmente aos homens. O lugar das mulheres é importante, mas, globalmente, não está do lado nem do poder nem do saber — apesar da exceção notável e significativa da própria Atena, guerreira e protetora do conhecimento.

Entretanto, não basta repetir que essa epopeia enciclopédica, essa fala abrangente que contém tudo o que há para se saber, encarna a alma da Grécia, até mesmo a alma de todo o

Descobrir os Gestos Cotidianos

mundo antigo. Repetir que Homero é o "educador da Grécia", ou mesmo da humanidade, tal como ela é vista na Antiguidade, não é falso, certamente. Mas é mais interessante observar que esse papel pressupõe uma correspondência prévia entre mundo e narrativa.

Para que essa educação pelo texto de Homero seja possível, é preciso que toda a vida tenha sido harmonizada com o canto e, inversamente, que o poema-rio seja capaz de abraçar a totalidade da vida, tanto em seus detalhes singulares quanto em suas linhas de força eternas. Se a palavra e o mundo não remetessem exatamente um ao outro, todo o projeto de educação e de civilização seria falso, ilusório e vão.

Esse acordo primordial, profundo e durável é dificilmente imaginável para nós. Isso justamente porque ele não pertence mais ao nosso horizonte, ao que tudo indica. Mas também por motivos linguísticos: o grego de Homero em muitos momentos é estranho. Sua língua não é apenas arcaica, mas artificial, ao menos em grande parte. Suas frases aproximam e justapõem formas lexicais que não existem nos dialetos gregos correntes.

Os famosos "epítetos homéricos", esses adjetivos compostos que reaparecem mecanicamente, também são curiosos. Por que a Aurora é sempre a "de dedos róseos" (*dactulorodon*); Hera, a "de olhar bovino" (*boopis*); Atena, a "dos olhos brilhantes" (*glaukôpis*, às vezes traduzido como "de olhos esverdeados", isto é, entre o azul e o verde); Afrodite, a "das pálpebras que piscam" (*elikoblépharon*, como Betty Boop, no fim das contas)? Essas designações repetitivas, estereotipadas, parecem risíveis. Isso ocorre porque esquecemos que esses epítetos foram meios de facilitar a memorização e a recitação do texto.

Esses vastos ciclos épicos eram transmitidos oralmente. Eles eram cantados por aedos que os sabiam de cor e acompanhados por música. Esses ancestrais dos bardos percorriam as cidades gregas, iam de palácio em palácio, de residências senhoriais para cortes principescas. Ao recitar as façanhas dos combatentes da guerra de Troia, o périplo aventuroso de Ulisses para retornar à sua terra, eles forjavam também o que os gregos antigos queriam pensar sobre si mesmos, sobre seus valores e sobre seu destino.

A obra de Homero, vista desse ângulo, faz da cultura antiga — desde a era arcaica até a Antiguidade tardia — uma construção inteiramente fundada na referência a um livro. Como se diferencia esse livro total de outros textos, que se tornaram, eles próprios, matrizes e fundamentos de culturas inteiras?

Na Índia, por exemplo, os Vedas contêm o essencial do que se precisa saber, fazer e pensar se se quiser ser hindu. A Torá, por sua vez, determina tudo o que um judeu deve fazer, pensar, ser e crer. Muito depois, o Alcorão se apresentará, ele também, como livro total. A diferença entre o poema homérico e esses textos fundadores é o caráter exclusivamente humano daquele.

Os Vedas nem sequer teriam sido escritos por homens. Eles provêm de algo que em sânscrito se denomina *sruti*, "audição": eles foram "ouvidos" pelos sábios. Comunicados por essa "audição", acredita-se que esses textos são incriados e eternos. O mesmo ocorre, *mutatis mutandis*, com o texto da Torá e do Alcorão: quaisquer que sejam as diferenças de sua transmissão ou da justificativa de sua existência, o ponto comum é emanarem de Deus e terem sido revelados por ele aos homens.

Como é possível que o "divino" Homero, qualquer que seja a sua grandeza aos olhos dos Antigos, não seja o transmissor de um texto revelado, de onde provém sua força? Como explicar o poder que ele exerceu continuamente sobre os homens da Antiguidade? Ao lado de seu poder propriamente literário, de seu senso da

DESCOBRIR OS GESTOS COTIDIANOS

narrativa e das retomadas, o poder de Homero reside no romance das origens. Ouvindo-o, os antigos julgam ouvir de onde eles provêm, os conflitos que os forjaram. Que a trajetória seja imaginária, os fatos, inventados ou transformados... pouco importa. Essa narrativa não se curva à disciplina histórica. Homero esboça uma genealogia. Ele forja o mito de uma identidade.

Nós, gregos, de onde viemos? Quem somos? O que nos distingue? Que provações atravessamos, que vitórias obtivemos, que fracassos sofremos? Homero fornece respostas para essas questões. Elas são fictícias, isso é evidente — e não pode ser de outro modo, pois as próprias interrogações são fantasmagóricas. Mas o poder de atração que elas exercem é forte. A prova disso é que nunca deixaram de ser retomadas ao longo do tempo. Homero foi continuamente imitado: as narrativas das origens cadenciaram a história, a de Roma primeiro, e depois a da Europa.

Herança e vingança

NOME	Virgílio, nascido em 70 a.C.
LOCAIS	Mântua, Roma, Nápoles
LEITURAS	*Geórgicas* e *Eneida*
EM RAZÃO DE	Seu amor erudito pela natureza

Homero não é apenas um homem, ou uma série de autores sucessivos. Suas narrativas épicas não são simplesmente palavras arranjadas. Elas definem uma forma, uma maneira de representar o passado e de justificar os próprios atos. Essa narrativa das origens é uma legitimação que vale um ato de nobreza, um certificado de elevado nascimento.

Por isso ele foi tão imitado. O que se repete não são nem seus achados verbais nem suas intrigas, é o seu gesto — a maneira de tornar heroicas e grandiosas as aventuras de algumas tribos. Essa alquimia transforma uma péssima batalha em um enfrentamento cósmico. Com alguns rudes soldados, ela constrói gigantes que se enfrentam, e o ruído de suas armas torna-se um estrondo destinado a atravessar séculos. Eis que uma vaga carnificina se torna enfrentamento eterno: o acaso sórdido transforma-se em destino.

Esse senso da grandeza, da nobreza, essa invenção do vento da história e da glória imemorial, será o que desejarão reproduzir, de século em século, uma série de sucessores. Jordanes quer fornecer aos godos — povo de origem obscura, bárbara, que parece surgir repentinamente de uma noite sem traços — uma origem digna, uma existência histórica localizável? Ele apresenta seu ancestral aos pés das muralhas de Troia, junto às tropas gregas, guerreando ao seu lado. Quando Ronsard, muito mais tarde, quiser glorificar os francos, ele procederá do mesmo modo.

No fim das contas, a receita é simples: para assumir um lugar na história, cria-se uma incrustação na imagem homérica existente. Havia uma multidão, sem dúvida, nas imediações de Troia. Como um de nossos ancestrais estava lá, temos o direito, nós também, a alguma consideração. Não somos nem bárbaros, nem plebeus. De origem desconhecida, nós? Provenientes não se sabe de onde, incapazes de dizer quem somos? De modo algum! Vejam: próximos dos heróis de Homero, também somos primos dos deuses...

Os primeiros a falar desse modo foram os romanos. É um grave erro vê-los apenas como alunos ou simples êmulos dos gregos. Ao retomar, ao repetir, os romanos transpõem, transformam. A torção que eles aplicam às ideias gregas é um elemento essencial da Antiguidade. Sem esse filtro, nossa representação dos Antigos seria

Descobrir os Gestos Cotidianos

irreconhecível. Rémi Brague evidenciou a importância essencial dessa "via romana" na formação da cultura europeia. No entanto, apesar de seus esclarecimentos, esse momento essencial ainda é subestimado.

Acredita-se, ou finge-se acreditar, que o mundo greco-romano é nivelado, homogêneo. Esquece-se que ele é constituído de dois componentes cuja fusão nunca foi perfeita, tampouco consolidada. Os romanos começaram a olhar para si mesmos com o olhar dos gregos, por exemplo, chamando de "portos bárbaros" os ancoradouros do Adriático. Quando Plauto diz ter traduzido alguma comédia grega para uma *"língua barbara"*, ele quer dizer "para o latim", sua própria língua!

Os romanos reconstituíram a Grécia, mas a seu modo. Essa Grécia romana, mais vasta, mais bem-organizada e bem-administrada e mais próspera, é ao mesmo tempo semelhante e diferente. *Alter Homerus* [o outro Homero] era, na Antiguidade, um dos sobrenomes de Virgílio. Esse outro, é preciso insistir, é próximo, mas também muito diferente. Aproximadamente oitocentos anos os separam, as sociedades que os cercam são profundamente diferentes. Mais do que isso: recorde-se que Eneias foge de Troia em chamas carregando seu pai, Anquises, nas costas. Mas não se enfatiza o suficiente que o ancestral do poder romano estava no campo dos adversários dos gregos. É isso que não se deve esquecer. É certo que Roma se inscreve, com Virgílio, na imagem de Homero, mas para inverter sua perspectiva. A *Eneida* tem como trama a derrota póstuma dos gregos, a vingança dos troianos.

Além disso, Virgílio não gosta das guerras. Amigo das paisagens pacíficas, do verdor suave, dos lagos aureolados por um halo de bruma, o cisne de Mântua — outro epíteto clássico do poeta — prefere incontestavelmente a calma de sua propriedade rural às carnificinas dos combates. Ele tem um vinhedo, um pomar, colmeias, pastagens. Ele fabrica o próprio queijo.

Antes de redigir a *Eneida*, Virgílio consagrou sete anos de sua vida às *Geórgicas*. Incontáveis gerações conviveram com esse texto que ninguém, ou quase ninguém, lê mais. É como se esse poema tivesse se tornado inaudível. No entanto, nele podem ser encontrados, surpreendentemente, todos os tipos de instrução prática — referentes, por exemplo, ao tamanho das árvores frutíferas ou à preparação do queijo. As *Geórgicas* não são apenas um elogio à vida nos campos, uma evocação das estações e de suas paisagens. Também são um guia prático para agricultores, com todas as instruções necessárias para uma exploração do campo romano.

Para compreender essa estranheza, não basta, como fez o historiador Gibbon no século XVIII, sugerir que a obra deveria ajudar os veteranos das legiões romanas a se instalarem nas porções de terra que lhes eram atribuídas. Isso é possível, mas parcial. Mais vale enfatizar que os poemas podiam assumir, na Antiguidade, uma função que para nós desapareceu completamente: servir de manuais, enciclopédias, instrumentos de transmissão dos saberes. Virgílio tinha a reputação de ter aprendido muito, de ser um homem de saber, habituado a todas as disciplinas, da matemática à agronomia. Macróbio, que escreveu no começo do século V de nossa era e que será muito lido ao longo da Idade Média, diz decididamente sobre Virgílio: "Ele nunca comete nenhum erro em termos de ciência."

Poeta e erudito podem se confundir em uma só pessoa, versos podem se tornar vetores de conhecimentos em razão de uma realidade muito simples que tendemos a esquecer: os homens da Antiguidade, em sua maioria, eram desprovidos de livros. Eles conviviam, em primeiro lugar, com palavras. De modo geral, a cultura antiga é mais oral do que escrita. Certamente há escribas, oficinas de cópia, bibliotecas... Contudo, comparado ao número de ativos, ou mesmo de pessoas cultas, a quantidade de rolos, pergaminhos ou tabuletas não pode ser comparada aos nossos costumes.

Era crucial poder memorizar textos, às vezes relativamente longos, com o menor esforço possível. Ora, a versificação é um dos principais meios para conservar algo na memória. É muito mais fácil registrar versos do que prosa. Pôr em versos o tamanho das árvores ou uma receita de queijo vem da necessidade de saber essas receitas de cor. Entretanto, essa explicação utilitária ainda é insuficiente. Com efeito, em uma perspectiva mais essencial, seria preciso recordar que a palavra e o saber andam lado a lado.

O termo *lógos*, do grego antigo, designa ao mesmo tempo a palavra pronunciada em voz alta e a razão. Para os gregos, ambas estão indissociavelmente ligadas. Desse modo, o canto poético tem um parentesco com o saber e com a razão. Desse ponto de vista, não é excessivo dizer que a dissociação entre uma poesia puramente emotiva, afetiva e estética e uma razão argumentativa, dedutiva e reflexiva não é, para os Antigos, tão evidente quanto parece para nós.

Que lições?

Muito bem, será dito. O que podemos fazer com isso hoje? Em que isso pode nos ser útil? Em que pode nos ajudar a viver?

A resposta, naturalmente, não é ler Virgílio para cultivar os pomares, tampouco Homero para cortar o assado. É inevitável errar cada vez que se procura aplicar, de modo direto, frontal e mecânico, a lição mais imediata de um texto.

Um Passeio pela Antiguidade

A questão dos conflitos e a questão do tempo parecem ser os melhores guias. Ainda mais porque, a respeito desses pontos essenciais, entre os poetas e os buscadores de sabedoria, apesar de seu pertencimento a uma mesma cultura, os caminhos divergem.

Tudo é conflito em Homero, assim como em Virgílio, quaisquer que sejam as diferenças entre suas sensibilidades: os deuses brigam entre si e se enfrentam, aliam-se com os mortais, escolhem de que lado ficam nas intermináveis querelas humanas em que os heróis perdem suas vidas. O choque das lanças, das bigas e dos povos não tem fim. Nesses poetas construtores de mundos, o tempo se impõe a todos — tanto habitantes da terra quanto dos Infernos, justos e traidores, temerários e covardes. Nenhum ser, seja ele homem, seja deus, pode escapar do tempo.

Por isso, a última vitória dos heróis de Homero e de Virgílio é a de se inscrever para todo o sempre na memória dos homens. Eles não procuram apenas a vitória. Eles visam, através dela, a uma glória imortal. Jean-Pierre Vernant mostrou como essa busca de glória está ligada ao fato de o homem grego antigo, de algum modo, não possuir interioridade: ele vive em seu todo no olhar dos outros, ele existe para e pelo julgamento deles. Os heróis de Homero têm a convicção de que o sangue que derramam no campo de batalha inscreverá seus nomes na eternidade, fará seus nomes durarem séculos. O mais impressionante disso é que eles realmente conseguiram: ainda conhecemos Heitor, Ájax, Pátroclo e os outros.

Não se trata de retomar hoje, por nossa conta, esse gosto pela guerra ou essa sede de glória. Seria em vão. Contudo, frequentar esse universo longínquo é desejável, pois nossos contemporâneos se tornaram tão pacifistas, especialmente na Europa, que perderam de vista a inteligência dos conflitos. Eles também se tornaram tão

DESCOBRIR OS GESTOS COTIDIANOS

amnésicos que não conseguem mais apreender o que a posteridade pode significar. Temos de redescobrir uma vida que não dissocia a guerra da paz, a glória da humildade, a sensibilidade da razão, o coração da inteligência, a emoção da lógica — uma vida plena, multidimensional, que mistura todas as facetas da existência.

Essa vida transbordante, irregular, pode parecer excessivamente rica ou perigosa. Será grande a tentação de canalizá-la, de depurá-la, sob o pretexto de intensificá-la. Esse é o trabalho das escolas de sabedoria. Elas convidam a viver, segundo os termos de Epicuro, "como um deus entre os homens". Dessa vez, sem conflito e fora do tempo.

2

Como um deus entre os homens

Epicuro, Zenão de Cítio, Pirro

Não se trata mais de viver como herói, como homem de bem ou simplesmente como homem. Trata-se de viver como sábio. Ou de ao menos se esforçar para isso. De trabalhar continuamente nessa transformação paciente de si que acabará por eliminar angústias, flutuações e erros. Com as escolas de sabedoria que florescem a partir do século IV a.C. e que perduram até o fim do Império romano, o projeto é alcançar uma forma de vida humana perfeita. Na qual não haveria conflito consigo mesmo nem com os outros. Na qual se poderia viver como mestre do tempo, capaz de encontrar na plenitude do instante uma forma de eternidade.

O sábio, do ponto de vista dos Antigos, não é apenas o homem que dominou suas más inclinações, que chegou a uma forma de saber último e de renúncia a tudo o que é prejudicial ou inútil. Ele é, em primeiro lugar, aquele que atingiu o fim do caminho. Quase se poderia falar de um sábio "hipereducado", no sentido em que ele seria tão educado que passaria para além da educação. Um longo processo de trabalho sobre si mesmo faz com que ele rejeite certos aspectos cruciais da educação convencional. Por isso o sábio choca, contraria preconceitos, transgride regras, não apenas de educação, mas, às vezes, até da própria civilização. Por exemplo, tanto os cínicos quanto os estoicos chegam a criticar a proibição do incesto.

Contudo, seria um equívoco crer que a principal característica do sábio reside necessariamente na provocação, na rebelião, no modo brutal de chocar a imaginação. Com efeito, trata-se de algo completamente diferente. Se fosse possível resumir isso em uma expressão, a vida do sábio seria a "ausência de perturbações". *Ataraxia*, palavra grega que designa essa serenidade, é composta pelo prefixo de negação *a* [não, ausência de] e por *taraxos* [distúrbio, perturbação]. Todos os tipos de acontecimento provocam pânico ou ansiedade em nossa mente. O que quer que aconteça, a mente do sábio permanece lisa como a superfície de um lago.

Na *Carta a Meneceu*, Epicuro usa esta fórmula: "Acalmar a tempestade da alma." A imagem tem de ser levada a sério. As tempestades eram um grande terror para os homens da Antiguidade. Preso na tormenta, Eneias levanta as mãos para o céu e evoca seus companheiros que tiveram mais sorte do que ele ao morrer no campo de batalha. Antes dele, Ulisses sofrera essa provação. Povo de marinheiros, os gregos conheciam a violência do Mediterrâneo, que pode ser extrema. "Acalmar a tempestade da alma" é sair dos ventos uivantes, das cavidades de nosso espírito, escapar das emoções aterrorizantes, das esperanças loucas, dos pavores que paralisam.

O ideal rumo ao qual convergem as mais diferentes escolas antigas consiste sempre em estabelecer em si mesmo uma calma que protege o espírito dos choques e golpes da existência. Essa ausência de perturbações deve ser inabalável e uma garantia contra qualquer retorno dos ventos. "Acalmar a tempestade da alma" não significa apenas se tornar mestre de si mesmo, escapar da espiral das

COMO UM DEUS ENTRE OS HOMENS

ambições, dos desejos devoradores, das paixões destruidoras e das emoções brutais, mas conseguir se retirar dessa grande quantidade de choques que o acaso inevitavelmente nos impõe ao longo do tempo.

Tornar-se menos exaltado não seria suficiente. Trata-se também de se preparar para os golpes da sorte, para as surpresas desagradáveis, para as desgraças repentinas com que a vida ineluvavelmente nos brindará. Ao saber que não podemos escapar dos lutos, dos acidentes e dos sofrimentos, o caminho da sabedoria proposto pelos gregos consiste em se preparar, em se estabilizar definitivamente, para que possamos permanecer imperturbáveis diante do que eventualmente surgir.

Esse objetivo é idêntico em todos os lugares. Algumas escolas, como a de Epicuro, falam na ataraxia. Outras evocam a "apatia", *apatheia* — noção também formada pelo prefixo de negação *a* e que significa a ausência de *páthos*, isto é, de emoção. Nenhuma emoção afeta mais o sábio, seja ela positiva, seja negativa. Nem exuberância nem abatimento. Qualquer que seja o termo empregado ou o caminho escolhido, uma vez que se atinge essa estabilidade permanente é possível viver "como um deus entre os homens".

Viver "como um deus" não significa, nesse caso, impor suas vontades, realizar os próprios caprichos, dominar por ser mais poderoso do que os seres humanos, inferiores aos deuses por natureza. Significa apenas viver de modo imperturbável, inabalável, estável e fixo, desprovido de sofrimentos, entre seres humanos que, eles sim, continuam sendo chacoalhados pelas emoções, sacudidos pelos golpes da sorte, expostos a todas as emboscadas preparadas pelos acasos da vida. É preciso saber que Epicuro, embora denuncie as crenças religiosas como superstições perigosas, não nega a existência dos deuses. Pelo contrário, ele afirma que os deuses existem. Esses deuses são acoplamentos de átomos, possuem um corpo. São deuses materiais, pois para Epicuro não há no mundo senão átomos e vazio.

Enquanto nosso corpo é efêmero, junção instável de átomos que se desagrega quando morremos, o corpo dos deuses é estável. Eles são imortais porque o acoplamento de átomos que os constitui não se desfaz. Viver "como um deus entre os homens" não implica, pois, nenhum poder sobrenatural. Trata-se apenas da solidez adquirida por meio da sabedoria, da estabilidade conferida pela calma alcançada definitivamente. Mas seguindo que caminho?

Um jardim sem perturbações

NOME	Epicuro, nascido por volta de 340 a.C.
LOCAIS	O Jardim, Atenas
LEITURA	*Carta a Meneceu*
EM RAZÃO DE	Sua felicidade metódica

Em 306 a.C., Epicuro comprou, perto do centro de Atenas, uma agradável propriedade. Não era luxuosa, mas estava longe de ser modesta. O Jardim, como era chamada, custou-lhe oitenta minas, uma quantia considerável. O filósofo tinha 35 anos de idade. A área e a organização da propriedade são conhecidas em virtude de seu testamento, segundo o qual se deveria doar essa moradia aos discípulos. Com efeito, ele organizou sua vida no Jardim com um grupo de amigos que o acompanhou durante toda a sua existência. Essa comunidade filosófica incluía tanto mulheres quanto homens — o que era algo singular na época. Diz-se que todos tinham grande liberdade em relação aos costumes, embora nem sempre se consiga discernir a verdade das lendas, já que a doutrina de Epicuro e os modos de viver desse grupo fechado sobre si mesmo provocaram calúnias e mal-entendidos.

Já naquela época, seus contemporâneos, e mais ainda a posteridade, transformavam erroneamente os epicuristas em luxuriosos devassos, capazes de cometer todos os excessos. Trata-se de um equívoco profundo. Embora o objetivo da existência seja realmente o prazer, este último não tem nada a ver com a orgia ou com o desregramento sistemático. Muito pelo contrário! O próprio Epicuro tratou de desfazer essa confusão: "Não falamos dos prazeres das pessoas dissolutas, como julgam alguns que ignoram a doutrina, ou não concordam com ela, ou a interpretam mal." Sua doutrina, na verdade, é terapêutica. Visa curar a alma de perturbações por meio de um "quádruplo remédio".

Esse remédio (*pharmakon*) é constituído de quatro objetivos de enunciação simples, mas difíceis de serem postos em prática de modo contínuo: não temer os deuses; não temer a morte; buscar prazeres simples; evitar a dor. A física de Epicuro, pensador materialista e hedonista, justifica cada um de seus pontos: os deuses não se preocupam com os homens, por isso estes não devem temer aqueles; a morte é desprovida de sensações, por isso não deve ser objeto de terror; os prazeres simples são facilmente satisfeitos e não acarretam consequências perturbadoras; e as dores podem ser combatidas pela lembrança dos momentos felizes.

O essencial reside no fato de que se trata muito mais de não sofrer do que de desfrutar. O objetivo é que o corpo não sofra e que o espírito não seja perturbado. Essa é, para Epicuro, a verdadeira definição do prazer e, portanto, da felicidade. Esse prazer é um "prazer em repouso". Corresponde à satisfação obtida, à ausência de tensões que se seguem a ela. Os Antigos o distinguem do "prazer em movimento", o da própria fruição, que sempre tem de recomeçar, ser reativada.

O prazer em repouso é a ausência de perturbações de que os textos epicuristas não cessam de falar. Essa disciplina encontra seu ponto de partida na reflexão, mas deve progressivamente se inscrever no corpo, de tal modo que o homem consiga desfrutar por inteiro a plenitude do instante. Uma das principais contribuições de Epicuro foi incitar um ancoramento no momento presente. Um momento realmente sem perturbações e sem tensão encarna o puro bem-estar de existir sem nenhuma falta. É um instante de perfeição pura: nada falta.

Esse momento perfeito não desaparece. Em sua plenitude, constitui uma saída do tempo. É um bem imortal, parecido com o que os deuses possuem. Desse modo, ao viver momentos de prazer que são ao mesmo tempo instantes de repouso absoluto — e, portanto, de certa maneira, fragmentos da eternidade —, o sábio, embora puramente humano, pode efetivamente viver como um deus entre os homens.

Esse "entre os homens" não deve induzir ao equívoco. O sábio epicurista está na terra, mas em recolhimento. Ele certamente não é um eremita, não vive no deserto. A companhia é preciosa para ele. Entretanto, o epicurista se desvincula voluntariamente dos assuntos do mundo, das deliberações da cidade, do curso da história. Sem se desinteressar totalmente dos outros, privilegiando, pelo contrário, as relações afetivas e de amizade, ele pertence, apesar de tudo, à tradição dos sábios que se desviam dos assuntos da cidade e escolhem viver à parte do tumulto do mundo.

Essa distância em relação aos conflitos da política e da história ao mesmo tempo irrita e atrai. Essa é, indubitavelmente, uma das causas da animosidade de muitos em relação a Epicuro, assim como um motivo de fascinação para outros. Em épocas tumultuadas, em momentos de guerra civil, de assassinatos políticos, de lutas internas que não cessam de devastar as cidades, retirar-se para um lugar calmo com os amigos, cultivar o jardim — muito antes da fórmula em *Cândido*, de Voltaire, que é seu herdeiro longínquo — são comportamentos que podem parecer atraentes.

Para se tornarem inacessíveis às agressões do mundo, os estoicos inventam outras táticas. É para dentro de si mesmos que se retiram para se instalar no que Marco Aurélio chamou de "a fortaleza da alma". Irmãos e inimigos dos epicuristas, eles tendem a um mesmo objetivo — evitar as perturbações —, mas fazem isso seguindo caminhos totalmente diferentes.

A fortaleza da alma

NOME	Zenão de Cítio, nascido por volta de 335 a.C.
LOCAIS	O Pórtico, Atenas
LEITURAS	Quase nada
EM RAZÃO DE	Sua vontade inabalável

Nada destinava Zenão de Cítio à filosofia. Deve-se precisar sua cidade de origem não por pedantismo, mas para evitar que ele seja confundido com seu homônimo, Zenão de Eleia, aquele dos paradoxos espaçotemporais (a flecha nunca atingirá seu alvo, Aquiles nunca alcançará a tartaruga). Zenão de Cítio foi comerciante, ao menos durante sua juventude. Originário da Fenícia, ele vendia púrpura para colorir tecidos e a levava de barco até o Pireu, para vendê-la aos atenienses. No mar, em um dia de navegação, o mau tempo o alcançou. Mais uma terrível tempestade. Ela causou um naufrágio.

Zenão acaba se salvando, mas perde sua carga e cai em falência. Em Atenas, descobre a filosofia e mergulha de cabeça na busca da sabedoria. O que ele quer alcançar? Como todos aqueles de sua época — Epicuro, Antístenes, Diógenes, Crates e tantos outros —, visa atingir um estado em que a vida não esteja mais acessível aos acasos do mundo, em que as desgraças — doenças, injustiças ou violências — não tenham mais força.

Zenão segue primeiramente a escola dos cínicos, filósofos radicais que haviam escolhido uma vida dura, na rua, como sem-teto, como seu mestre, Diógenes de Sínope. Eles consideravam que somente a natureza podia nos tornar felizes, sob a condição de que seguíssemos seus preceitos sem distorcê-los com nossas convenções absurdas. Zenão, assim, começa sob a orientação de Crates de Tebas, um dos mais rudes do bando, a se livrar de todos os costumes da civilização. Contudo, ele enfrenta dificuldades, pois essa vida não lhe convém. Será a dureza das provações que Crates lhe impõe que o repele? O caráter excessivamente abrupto e radical da doutrina dos cínicos o faz recuar? Ele rompe com esses duros mestres e constitui seu próprio grupo.

Zenão forja, pois, sua doutrina, constrói sua visão de mundo: uma física, uma lógica, uma ética — e forma, assim, uma filosofia completa, teórica e prática. Ela conserva a marca de certos elementos cínicos, mas tem sua originalidade e receberá longos desenvolvimentos. O estoicismo antigo, de Zenão de Cítio, e depois o de Cleanto e de Crisipo terão novos prolongamentos nos gregos e posteriormente nos romanos, especialmente com Sêneca e Marco Aurélio.

Zenão começa a ensinar sob um pórtico, na ágora de Atenas, a praça pública. É um pórtico pintado, que em grego se diz *stoa* [pórtico] *poikilé* [pintado]. Por isso, esse filósofo e seus alunos foram logo chamados de "as pessoas do pórtico", *stoikioi*, "estoicos". Devem-se a Zenão as ideias iniciais e a invenção do vocabulário dos estoicos, pois, pelo que se diz, ele adorava inventar palavras. Como tinha ideias novas, precisava fabricar termos adequados a elas.

Em alguns anos, esse gênio cujos textos desapareceram fundou uma escola de pensamento que atravessaria toda a história. O estoicismo é, certamente, uma das correntes filosóficas que tiveram a história mais longa e mais florescente. O ensino das primeiras gerações sofreu ao longo dos séculos uma série de mudanças: em torno de uma mesma base de pensamento, vários estoicismos se desenvolveram. O âmago da doutrina, porém, permaneceu estável.

Seu ponto de partida não é mais o corpo, como em Epicuro, mas a vontade. É nela que o estoico encontra o ponto fixo que lhe permite evitar o acaso e os choques da existência. Pouco importa o que possa acontecer com meus bens, com os meus, com meu próprio corpo, pois, em qualquer circunstância, ainda restará a escolha operada por minha vontade. Posso desejar o bem e viver de modo reto e virtuoso, seja eu pobre, seja rico, saudável ou doente, casado ou viúvo, jovem ou velho.

A questão central não é, pois, a da austeridade ou da indiferença, mas sim a relação entre o que é realmente indiferente — como o fato de ter um número de cabelos par ou ímpar — e o que é preferível. Desse modo, é preferível ter boa saúde a ser doente, viver de modo confortável ou correto a miserável. É preferível não sofrer a sofrer. Os estoicos serão os primeiros a reconhecer isso e, evidentemente, não gostam da dor, não são masoquistas anteriores a Sacher-Masoch. No entanto, eles consideram que nada está realmente sob nosso controle: riquezas, saúde, reputação ou poder.

Ao que tudo indica, mesmo que façamos o máximo para manter a boa saúde, a doença e a morte ainda estão fora de nosso controle. Mesmo que façamos tudo o que for possível para aumentar nossa renda, a miséria pode nos atingir. Por isso, mesmo no que diz respeito a todas as coisas que não nos são indiferentes e que temos razão de preferir, é preciso aprender a relativizar. As circunstâncias são imprevisíveis. Não podemos controlar o acaso.

Precisamos, pois, recuar para a única cidadela que controlamos inteiramente: nossa vontade, nossa razão, nossa capacidade de decidir sobre nossos juízos e sobre nossas representações. Quaisquer que sejam as circunstâncias, permanecemos donos, para os pensadores do pórtico, do que pensamos e decidimos. Por isso, nas piores circunstâncias (doença, miséria, opróbrio, exílio, prisão ou tortura), podemos, apesar de tudo, ser felizes: pensamos sobre essas circunstâncias o que quisermos, e, se não cedermos em nossa vontade racional de fazer o bem, essa virtude bastará para a nossa felicidade.

A questão é saber em que medida a serenidade do sábio que se exclui das emoções, que, o que quer que aconteça, permanece fixo e estável em sua vontade, não é, de fato, assimilável a uma radical insensibilidade e a uma total indiferença. Desse modo, Sêneca diz que o sábio não chora quando morrem sua mulher e seus filhos: ele sabe que eram mortais e devia esperar pelo desaparecimento deles e, portanto, não seria perturbado por esse acontecimento. Difícil aqui é diferenciar a ausência de perturbações da insensibilidade desumana.

Quando a dúvida torna feliz

NOME	Pirro, nascido por volta de 360 a.C.
LOCAL	Atenas
LEITURAS	Quase nada
EM RAZÃO DE	Sua dúvida libertadora

A questão da indiferença se encontra, com outro sentido, no cerne da escola cética fundada por esse filósofo estranho e pouco

COMO UM DEUS ENTRE OS HOMENS

conhecido que foi Pirro. Ao lado do epicurismo e do estoicismo — o caminho da serenidade pelo corpo e o caminho da serenidade pela alma —, o ceticismo também constitui, e isso é frequentemente esquecido, um caminho de libertação de todas as perturbações.

Não se deve pensar que os céticos são tão somente pensadores da dúvida, ocupados em pôr em xeque nossa capacidade de conhecer o verdadeiro, criticando indefectivelmente a própria ideia de verdade. Com efeito, seu repúdio a todas as posições e a todas as escolhas constitui outro modo de apaziguar a "tempestade da alma". A máxima dessa libertação pela dúvida poderia ser enunciada do seguinte modo: "Não se pode saber nada, portanto, você não tem de decidir nada, pois você não sabe sequer o que é preciso preferir, já que no fundo você possui apenas impressões e convicções superficiais e efêmeras... Se entender intimamente até que ponto isso é assim, você atingirá uma forma de serenidade. Ela o poupará de entrar no desfile infinito das opiniões e das buscas, que são, todas elas, marcadas por incerteza, hesitação, ilusão e erro."

Essa foi, aproximadamente, a mensagem que Pirro podia passar a seus discípulos. Sua posição consiste em enfatizar constantemente que não sabemos realmente o que é o mundo. Nem o que são o bem e o mal. Nem o que deve ser evitado ou procurado. Ao suspender toda forma de juízo, inclusive nas ações cotidianas, alcança-se a serenidade.

Esse caminho é paradoxal em certos aspectos. Diz-se que Pirro parecia indiferente ao fato de comer ou não comer, de cair em uma vala ou não, de estar sujo ou limpo. Dizem que ele limpava os porcos da fazenda de sua irmã sem nenhum nojo. Aqui também a diferenciação entre insensibilidade e serenidade, indiferença e sabedoria, libertação e anestesia parece muito difícil de ser feita. No entanto, a vontade de pôr um fim às perturbações é inquestionável.

63

"Cético", assim, não designa, e é preciso repeti-lo, uma pura vontade intelectual de duvidar de tudo, de modo contínuo, sistemático e extremo. Os discípulos dessa escola não questionam, por exemplo, a realidade de seus afetos: não sustentam que o mel lhes parece doce de modo incerto ou que uma contrariedade poderia muito bem ser agradável sem que se soubesse disso. Sua posição não consiste em questionar a existência das sensações, tampouco em rejeitar a ideia de que existe uma realidade, pois tais suposições lhes parecem extravagantes.

O que o cético antigo defende é mais simples e sutil. O mel lhe parece doce, e ele reconhece isso, mas sustenta que nada de certo pode ser concluído a respeito da natureza própria dessa substância. A realidade não é um engodo, uma miragem, uma ilusão. Apesar disso, não existe "ainda" nenhum caminho que conduza a um conhecimento garantido de sua essência ou de seu funcionamento. Quando tentamos saber, encontramos caminhos sem saída.

É isso que significa o termo grego *aporia*: uma situação desprovida de saída, um impasse. Ao traduzir habitualmente esse termo por "embaraço", são trazidas à mente outras evocações, mais ou menos parasitas. Com efeito, um embaraço resulta de um transbordamento. Pressupõe um excesso de coisas em relação ao espaço disponível. Sugere uma atitude psicológica hesitante, quase paralisada, exposta, em todo caso, ao risco de se fixar e de permanecer imóvel. Não há nada disso na aporia. A ausência de saída não pesa. Ela não tem nada a ver com uma obstrução ou com um incômodo. Não se trata de nenhum entrave ao movimento. Pelo contrário: esse impasse, para os céticos, constitui a condição da tranquilidade do espírito, a garantia da serenidade. Por quê? É justamente isso que é preciso determinar.

A falta de solução não gera necessariamente tormentos e angústias. Os céticos constatam que a todo argumento se opõe um argumento contrário de força equivalente. Para todas as questões que colocam uma verdade em jogo, existe entre os homens um desacordo visível, que eles não conseguem superar. A conclusão a ser extraída disso não é, como se acreditou muitas vezes, que a verdade não existe ou que é inacessível à nossa inteligência — essas, na verdade, são teses categóricas demais, verdades excessivamente seguras. Afirmar que não se pode afirmar nada seria evidentemente... uma afirmação.

Aqui também, como demonstrou Pierre Pellegrin, a postura do ceticismo antigo é mais simples e sutil. Não há, por enquanto, solução para as questões que nos colocamos. O desacordo entre as escolas filosóficas é patente. É, pois, conveniente suspender nosso assentimento. Nada prova, porém, que não exista nenhuma solução nem que é preciso desistir de procurar.

Por outro lado, nada obriga a cruzar os braços aquele que vive sem deter uma verdade, a aguentar tudo, a tornar equivalentes o impasse do saber e a ausência de ação. Os céticos podem, sem incoerência, dominar técnicas, aplicá-las cotidianamente, fazê-las progredir. Eles evitarão apenas transformar essas fórmulas em asserções dogmáticas. Persistirão na suspensão de seu juízo.

O cético chega, desse modo, a uma leveza singular. Ao peso dos sistemas ele opõe a doçura particular do incerto. Desvinculado o bastante para não ser mais realmente rebelde, ele não é suficientemente conformista para acreditar no que faz quando se comporta como os outros. Por isso, ele se mantém um tanto distante das normas e das convenções e ao mesmo tempo as respeita. De alguma forma, o completo cético também se mantém à distância de si mesmo. Com efeito, ele se abstém de considerar que seus afetos correspondam a uma realidade ou que as infelicidades que lhe podem eventualmente acontecer sejam realmente um mal.

Com uma fina penugem de pensamentos "neutros" (*ne-uter*, nem um nem outro, nem verdadeiro nem falso, nem o bem nem o mal...), o cético consegue fabricar para si um acolchoado mental. Este o protege do mundo, dos outros, de si mesmo. Ao evitar as tragédias, ele ao mesmo tempo se priva das felicidades extremas. As vantagens e os inconvenientes dessa postura podem suscitar discussões intermináveis. À serenidade dos impasses, à calma da colocação entre parênteses das certezas e das vinculações, opõe-se o risco de um enfastiamento em relação à própria vida, de uma perda de intensidade, o que poderia ser considerado como os impasses da serenidade.

Que lições?

No fim, tudo gira em torno do conflito e do peso do tempo.

Com Homero, trata-se de assumir ambas as questões. Enfrentar a adversidade, aceitar o combate, ilustrar-se na confusão sangrenta e garantir a vitória são os primeiros objetivos do herói. Ao suportar o tempo do conflito, ele espera ganhar renome suficiente para escapar do esquecimento. Mas também compreende, com Ulisses, que a volta para casa, muito tempo depois, não pode apagar o decurso do tempo. Os combatentes homéricos estão agarrados à luta e presos à sucessão dos anos.

Os sábios fazem justamente o contrário. Eles se esforçam em escapar dos conflitos, tanto fora quanto dentro de si mesmos. Eles não sonham com um mundo sem nenhum conflito, mas com uma força que seja suficiente para se tornarem insensíveis a todos os baques da existência. Curiosamente, para esses sábios, escapar do conflito equivale a escapar do tempo, a não mais sofrer seu curso ou suas flutuações. Instalados no instante, eles tangenciam a eternidade.

Esses dois caminhos, aparentemente opostos em tudo, surgem de um mesmo universo mental. A perenidade do conflito é reconhecida (o mundo é uma guerra perpétua) para logo em seguida ser superada (é possível sair dela ou evitá-la). Ora, não pensamos assim hoje. Atualmente, tendemos antes a negar a existência dos conflitos (o mundo deve ficar em paz) para não ter de superar nada (continuemos a cantar para que a paz volte).

O que podemos aprender com os Antigos, desse ponto de vista, é, pois, um ponto de vista diferente, uma percepção do mundo em que dominam os enfrentamentos e as relações de força, a violência e a morte. Uma vez que se estabelece essa constatação, impõe-se a construção dos caminhos para metamorfosear a existência e construir uma serenidade que não seja uma ilusão, um *trompe l'œil*.

Entre os guerreiros de Homero e os buscadores de sabedoria, apesar das aparências, há sem dúvida mais semelhanças que oposições. Certamente, à primeira vista, tudo os opõe: os primeiros amam o sangue, as armas, a vitória e a glória; os segundos, a palavra, a razão, a serenidade e a paz do cosmos. No entanto, é possível perceber uma continuidade entre eles: no lugar das lanças, os filósofos têm os argumentos, seu campo de batalha é a discussão; sua vitória, a proclamação da verdade. A filosofia é a continuação da guerra por outros meios. O terreno é diferente, e os enfrentamentos também. Mas a disposição do conjunto permanece idêntica.

Qual seria, para os filósofos, o equivalente da glória? O acesso à verdadeira vida, alcançar uma forma de felicidade irreversível. Para as escolas da sabedoria gregas, quaisquer que sejam suas divergências, o pensamento deve transformar a existência. Somente com uma vida examinada pela reflexão se pode operar essa conversão radical. Esta modificará até mesmo os gestos cotidianos, os sentimentos e as emoções experimentados.

A mudança, iniciada pelo pensamento, irá transformar tanto a relação com os outros quanto a relação do indivíduo consigo mesmo.

A chave da existência reside, pois, no pensamento. Portanto, convém regrar as próprias ideias a fim de regrar o próprio modo de vida. Com efeito, uma ação não cessa de remeter a outra. Modificar a própria vida é modificar o próprio pensamento. Pensar de modo diferente é viver de modo diferente. Resta saber como pensar. Como veremos mais adiante, aos Antigos, nesse quesito, não faltam respostas.

II

PENSAR

"SÓCRATES — Ele é grego? Ele fala grego?
MÊNON — Sim, é claro, ele nasceu em minha casa."

PLATÃO, *Mênon*, 82b

Frequentemente temos a sensação de que pensar é uma atividade à parte, sem relação direta com a existência cotidiana, sem consequências imediatas sobre nossos fatos e gestos.

Essa separação é ilusória e artificial. Ela é prejudicial, pois transforma a atividade intelectual em um jogo estéril reservado a alguns especialistas. Por isso, aqui também, temos uma grande necessidade de viver em companhia dos Antigos.

No horizonte antigo não existe nenhuma ruptura entre viver e pensar. É sempre com base em coisas vistas, gestos realizados e realidades concretas que se põe em movimento o trabalho da razão. O exercício da reflexão permanece como uma experiência de vida, mesmo em suas manifestações aparentemente mais abstratas.

Além disso, por mais árduo que possa se tornar, esse trabalho sempre mantém como horizonte a modificação efetiva da existência. Nada é mais estranho aos Antigos, mesmo aos mais contemplativos, que uma abstração desencarnada, radicalmente separada de toda dimensão existencial. É sempre indispensável descer do mundo das ideias, voltar para o barulho das massas, para a confusão dos corpos, para as multidões multicoloridas.

Um Passeio pela Antiguidade

Deve-se, pois, dizer que a verdade, no mundo dos Antigos, nunca é buscada apenas por si mesma, tendo-se em vista a satisfação de um puro desejo de saber. Pelo contrário, a teoria tem constantemente como perspectiva suas consequências sobre a existência. Ou, antes, é a própria ideia de uma verdade sem efeitos sobre a vida que é estranha ao pensamento antigo. Descobrir uma verdade, ter uma ideia justa não pode deixar de ter um impacto sobre aqueles que chegam a ela.

Estamos errados em considerar o conhecimento e a ação dois universos totalmente distintos. Separar de modo absoluto a lógica e a ética, a matemática e a política, a filosofia e a sabedoria não é apenas errar o caminho, mas impedir-se de compreender como se organiza, em seu gesto mais profundo, o universo do pensamento antigo. Esse mundo, no fim das contas, é como que imantado pela ideia de sabedoria. Seu propósito supremo é conseguir mudar a vida por meio do pensamento.

Esse ponto central havia sido esquecido. Lembro-me de que, nos anos 1960-1970, na época de minha formação, falar com um professor de filosofia a respeito de "felicidade", "sabedoria", "controle das paixões", "trabalho espiritual" sobre si mesmo geralmente suscitava um dar de ombros. Todos, ou quase todos, estavam convencidos de que o trabalho do filósofo, até mesmo na Antiguidade, consistia apenas em forjar conceitos, em construir análises, em redigir cursos e livros.

Um pesquisador excepcional modificou essa concepção. Ele soube colocar à luz do dia a conversão existencial que está no âmago do pensamento dos Antigos. Pierre Hadot, falecido em 2010, modificou profundamente nosso modo de ler os pensadores gregos e romanos. Decidi dedicar à sua memória este breve percurso entre os Antigos não por fidelidade ao seu rigor, ao qual não almejo de modo algum, mas sim por reconhecimento pessoal à sua amistosa atenção de sempre e por uma gratidão mais geral por aquilo que ele soube reencontrar de mais essencial. De livro em livro, Pierre Hadot recordou que o principal propósito da filosofia antiga consistia, antes de mais nada, em realizar uma mudança radical, concertada e voluntária, no modo de ser no mundo.

PENSAR

Em particular nos epicuristas e nos estoicos, trata-se sobretudo de transformar a si mesmo, de metamorfosear a própria maneira de viver por meio de um longo e constante trabalho sobre si mesmo. Pierre Hadot mostrou como a principal tarefa do filósofo na Antiguidade era mudar a própria vida, e não escrever livros ou mesmo trabalhar conceitos. Quando o filósofo ministra cursos ou redige textos, ele o faz para sustentar a si mesmo nessa metamorfose, ou para ajudar seus discípulos.

Quando Platão explica a criação do mundo no Timeu, *quando* Aristóteles *redige a* Física *ou as* Meteorológicas, *pode-se julgar que eles estavam muito longe desse caminho rumo à paz da alma. Mas não é esse o caso: para ter acesso à sabedoria, é útil saber como se organizou a matéria e como se organiza o cosmos. No fim, tudo é orientado, senão subordinado, a este propósito: atingir a sabedoria.*

Assim, a filosofia antiga é "terapia da alma", caminho rumo à felicidade do sábio, trabalho tanto afetivo quanto intelectual para livrar-se da angústia, das paixões, do ilusório e do insensato. Ela é modo de vida, e não simples modo de discorrer. Mas essa vida é ordenada pelo pensamento. Ela é trabalhada e modelada, dia após dia, por preceitos filosóficos e percursos de reflexão.

Nem todos têm a mesma natureza. Nem todos são formulados no mesmo estilo. Mas todos são impuros, misturando alegremente intuição e demonstração, palavra poética e análise conceitual. Erramos ao imaginar os filósofos antigos como professores parecidos com os que conhecemos. Na verdade, eles têm estilos completamente diferentes. Os mais lógicos não hesitam em fazer uso de mitos, os mais inspirados não são hostis à dureza dos conceitos.

O que eles nos levam a descobrir: a experiência de pensar como mutação da existência.

3

Ouvir a verdade

Heráclito, Demócrito

Geralmente ignoramos em que consiste a experiência do pensamento. Aparentemente, todos se revelam capazes de realizar uma atividade mental. Cada um, segundo suas capacidades, mostra-se efetivamente capaz de aprender, de conhecer e de reconhecer, de se comunicar. É a isso que chamamos "pensar"? Se o termo designa o funcionamento dos neurônios, todo mundo pensa. Aliás, não apenas os humanos, mas as ovelhas, os canários e as drosófilas.

O que significa "pensar", na perspectiva antiga, é ao mesmo tempo mais restrito e mais essencial. Trata-se de ouvir o que o mundo diz, de entender a língua das coisas, o próprio discurso do real, e de conformar a este último não apenas a mente, mas também a totalidade da existência e, se possível, da humanidade. Por isso aquele que entende essa palavra primordial, que a segue, transcreve, explora e transmite, tem dentro de si algo do poeta, do mago, do profeta, assim como do lógico e do raciocinador. É preciso insistir: o filósofo antigo não é como o nosso.

Para nós, ele é um pensador que se fia somente na razão, abordando as questões do ponto de vista do exame racional, tendo como objetivo estabelecer dedutivamente as afirmações que sustenta. Se nos limitarmos aos termos dessa definição, é possível que sejamos vítimas, mais uma vez, de um erro de perspectiva. Evitemos colar sobre os Antigos uma figura constituída entre os Modernos, em um contexto recente.

Mesmo em Sócrates ou em Platão a razão está longe de ser a única dona do jogo. Já aconteceu, em estudos recentes, de Sócrates ser posto ao lado dos xamãs — não sem exagero. Isso não impede de modo algum que o próprio Platão (e isso frequentemente é esquecido) enfatize a parte positiva dos "delírios", da inspiração e mesmo da possessão. Em todo caso, é evidente que, antes de Sócrates, os pensadores que nos acostumamos, a partir do século XIX, a chamar de "pré-socráticos" estão mais próximos dos oráculos e dos profetas que dos racionalistas puros.

Eles frequentemente se expressam por meio de construções poéticas e fórmulas imagéticas. Seus pensamentos invocam tanto a inspiração, ou a visão, quanto o raciocínio. Eles confiam tanto na intuição quanto na dedução. Embora procurem estudar a natureza de um modo que já é realmente científico em sua abordagem e em seus princípios, eles permanecem imersos, aos nossos olhos, em um universo de coloração mágica.

A ruptura que costumamos estabelecer entre *sophos* [sábio] e *philosophos* [filósofo] realmente não lhes é familiar. Para eles, essa fronteira não é nem clara nem operacional. Esses cientistas são sábios. Para retomar uma expressão de Marcel Detienne, eles são mais "mestres de verdades" do que filósofos, no sentido moderno. Pensar não é para eles uma atividade fria, uma pura organização de deduções, é antes uma experiência crucial na qual se experimenta o mundo diretamente.

Esses pensadores pré-socráticos — como Parmênides, Empédocles, Heráclito — viveram por volta do século VI a.C.

OUVIR A VERDADE

O que chegou até nós de suas obras é lacunar: fragmentos dispersos, citações encontradas em comentadores. O que podemos ler de suas formulações não são, no fim das contas, senão restos reunidos, trazidos de todos os autores que os citam, geralmente a séculos de distância.

Além disso, aqueles que os citam às vezes são adversários, o que frequentemente torna duvidosa a fidelidade ao propósito original. Quando uma fórmula ou uma ideia é atribuída a um determinado pensador, não podemos saber com certeza se se trata de uma citação exata, de um simples resumo do que ele disse, ou mesmo de uma deformação voluntariamente polêmica de sua doutrina...

Com os pré-socráticos, assim como com muitos pensadores da Antiguidade, estamos na situação em que estaríamos, para conhecer Descartes, Hegel ou Nietzsche, se não tivéssemos, no ano 4000, senão algumas alusões, resumos e frases do tipo "como diz Descartes...". Qual poderia ter sido nosso conhecimento dessas obras se tivéssemos de reconstruir sua arquitetura a partir de somente alguns restos incertos e dispersos?

Chegaram até nós somente 122 versos do grande poema de Parmênides. No caso de Heráclito, temos cerca de oitenta fragmentos — constituídos de citações ou de resumos recolhidos pelos filólogos de obras de autores posteriores, padres (Clemente de Alexandria, Eusébio de Cesareia) ou compiladores tardios, como Estobeu. Todos eles escreveram séculos depois dos ensinamentos de Heráclito.

É necessário um minucioso trabalho de peneiramento para reconstituir um pensamento a partir dessa poeira de notas esparsas. Especialistas, principalmente alemães, iniciaram no século XIX o recenseamento desses fragmentos disseminados, esforçando-se em reuni-los como as pedras de um mosaico perdido. Hermann

Diels compilou e classificou as passagens em que se trata de cada um desses pensadores "pré-socráticos".

O conjunto desses fragmentos, ainda que nem todos sejam plenamente inteligíveis, permite entrever edifícios impressionantes em poder e beleza. Nietzsche foi o primeiro dos filósofos contemporâneos a ter consciência disso. Ele contribuiu para reforçar o mito de um pensamento arcaico, imenso e ainda inexplorado, cuja fulgurância conteria recursos para nosso futuro. No século XX, antes mesmo de nós, Heidegger retomou e desenvolveu esse mito dos Antigos, detentores de reservas que ainda não começamos a desenvolver, tampouco a redescobrir.

Não é por acaso que Heráclito sempre ocupa nesse dispositivo imaginário um lugar central. Ele é suficientemente singular para ser considerado por si só um mundo e ocupa um lugar à parte. Ele é suficientemente elíptico para que o trabalho dos hermeneutas não tenha fim. Por fim, restam de sua obra elementos suficientemente raros para que se seja tentado a combiná-los em múltiplos sentidos. Ocorre nessas reconstituições o mesmo que nas das estátuas das quais resta apenas um pedaço de braço, um dedo, um lóbulo de orelha: os diferentes reflexos do original desaparecido mal nos permitem esboçar sua silhueta.

A palavra do mundo

NOME	Heráclito, nascido por volta de 540 a.C.
LOCAL	Éfeso (Iônia, perto da atual Izmir, na Turquia)
LEITURAS	*Fragmentos*
EM RAZÃO DE	Seu pensamento sobre a mudança

Heráclito poderia ter sido pai ou, de um modo mais verossímil, avô de Sócrates. Ele tinha 40 anos por volta de 500 a.C., enquanto Sócrates nasceu por volta de 470 a.C. Quando Sócrates nasceu, Heráclito tinha 70 anos de idade — se ele tiver vivido até essa idade, o que não é algo comprovado.

Seu pensamento e sua palavra às vezes são extremamente difíceis de ser apreendidos. Os gregos, ainda em vida, já o haviam apelidado de "o Obscuro". Para nós, a situação se complica ainda mais, pois os fragmentos que lhe são atribuídos, duvidosos ou truncados, não se ajustam rigorosamente uns aos outros. Com efeito, em muitos aspectos, a doutrina de Heráclito permanece desconhecida e, sem dúvida, para sempre incognoscível.

Apesar disso, a situação não é inteiramente desesperadora. Dois pontos principais podem ser considerados garantidos. O primeiro deles é a indissociabilidade dos contrários. Tudo que existe se encontra inseparável de seu oposto: não há noite sem dia, não há paz sem guerra. Não há vida sem morte nem morte sem vida, e assim por diante. Os elementos do mundo parecem isolados e opostos uns aos outros, mas são solidários em virtude do próprio fato de sua oposição: cada um desses elementos antagonistas não existe senão em relação ao outro.

Assim, Heráclito pode dizer: "Tudo é uno." Há apenas um mundo em que esses elementos contrários se recortam, constituindo-se reciprocamente. Eles dependem da maneira como se olha para eles, do ponto de vista que é adotado a seu respeito. "É o mesmo caminho que sobe e que desce", diz Heráclito. Embora seja visto daqui como uma ladeira a ser subida e, dali, como um declive, há apenas um caminho. A unidade dos contrários não se manifesta, pois, somente por sua interdependência, mas também pelo fato de que eles constituem juntos a dupla face da realidade, como frente e verso de uma folha de papel.

Segundo ponto principal: tudo muda incessantemente. Tudo está em devir, tudo é movente, sempre em transformação. "Tudo flui", diz Heráclito (em grego: *panta rhei*), tudo cede, de modo permanente, contínuo, indefinido. Nada no mundo permanece fixo, estável, eterno. Ao contrário do pensamento de Parmênides e dos eleatas, que centram sua reflexão no imutável, no imóvel, no Ser — que não muda, enquanto tudo está sujeito ao devir —, Heráclito sustenta que não há nada que não mude e que não flua.

É nesse sentido que é preciso entender sua célebre fórmula: "Você nunca se banhará duas vezes no mesmo rio." Ela significa evidentemente que o rio nunca é o mesmo: de um instante ao outro uma porção de água que o constitui em um dado momento desaparece, e outra porção ocupa seu lugar. Portanto, você nunca se banhará no mesmo rio. Mas também se pode compreender que o banhista nunca é o mesmo: de um momento para outro, o que você chama de "eu" se modifica. O rio flui, o banhista também. Desse modo, um mesmo banho nunca se repete, encontro do mesmo banhista com o mesmo rio.

Certamente existe um curso relativamente estável dessa água que flui, e uma continuidade relativa do indivíduo. No entanto, o que chamamos de objetos, locais, tempos, identidades não são senão aproximações. O rio como percurso — esse lugar para o qual se pode voltar, esse traçado que pode ser inscrito em um mapa — aparece no final das contas como uma nuvem ou uma névoa. Ele certamente ocupa uma área, mas, no detalhe, sua fixidez é ilusória.

Seria possível então dizer que, se tudo muda perpetuamente, se a cada instante tudo se torna algo diferente do que é, então nada mais é cognoscível. Com efeito, todo conhecimento e todo saber pressupõem elementos fixos que podem ser identificados e comparados uns com os outros. Heráclito pode ser facilmente salvo dessa armadilha do relativismo absoluto. Embora tudo mude continuamente, a lei da mudança, essa sim, não muda: tudo muda, exceto o fato de que tudo muda. Encontramo-nos em face de um devir perpétuo, mas ele pode em si mesmo ser estudado naquilo que possui de eterno e de permanente.

Pensador do devir e do conflito dos opostos em sua unidade, Heráclito é também pensador da racionalidade do mundo. Mas essa racionalidade é objeto de uma experiência vivida. Para quem sabe ver e ouvir, ela é apreendida diretamente. Essa é, em todo caso, a lição que extraio de um fragmento, à primeira vista estranho, que afirma: "Más testemunhas para os homens, olhos e ouvidos se possuírem almas bárbaras."

Pensou-se que, com essas "almas bárbaras" (*barbarous psuchas*), designavam-se os homens que têm uma alma grosseira, espessa e tosca. Deve-se, pois, supor que a rusticidade os impede de submeter a exame crítico o testemunho que lhes é transmitido por seus sentidos, e que eles são enganados por seus próprios olhos e ouvidos, por aquilo que lhes é ensinado sobre o mundo por essas testemunhas. Esse resultado está longe de ser satisfatório.

O principal pensamento de Heráclito é precisamente que o *lógos* governa tudo — tanto a natureza quanto nossos pensamentos. Toda a realidade é organizada pelo *lógos*, que significa em grego tanto "palavra" quanto "razão". Essa palavra que habita a realidade, esse discurso que sustenta a natureza em todas as suas manifestações, pode ser percebida por nós diretamente por nossos sentidos. Estes nos ensinam, se soubermos receber a mensagem que eles recolhem, que tudo flui e que os opostos são unos: desse modo, vemos o rio sempre diferente de si mesmo, o dia e a noite indissociáveis, o caminho que sobe e que desce ao mesmo tempo. Em suma, nossos olhos e ouvidos são testemunhas confiáveis, desde que saibamos compreender o que eles veem e ouvem.

Eles só se tornam "más testemunhas" se não formos capazes de ouvi-los, *se nossa alma não falar a língua da realidade*. Parece-me, portanto, que, em vez de pensar que "bárbaro" significa "grosseiro" ou "tosco", é sensato conservar, para ler esse fragmento, o sentido que a raiz *barbar* tinha em Homero: uma relação falseada com a linguagem. "Almas bárbaras", aqui, são aquelas que não ouvem a língua da natureza. Em vez de decifrá-la claramente, elas vão gaguejar e balbuciar. Elas acreditarão que existem fenômenos fixos, substâncias estáveis. Elas não conseguirão discernir até que ponto os opostos constituem uma unidade. Elas vão considerá-los entidades distintas e antagonistas.

Seria preciso parafrasear *barbarous* do seguinte modo: *Más testemunhas para os homens, olhos e ouvidos se tiverem almas que não falem sua linguagem.*

Entre Homero e Heráclito perdura um mesmo núcleo de significação: "bárbaro" designa aquele que é mal-ajustado à língua, que se encontra fora do prumo no discurso, que não é capaz de falar claramente, tampouco de apreender claramente o discurso proferido. Entretanto, em Heráclito, aqueles que falam a linguagem do real, que são capazes de entender o que os sentidos dizem e que não se perdem em ilusões e artifícios são, ao que tudo indica, os filósofos. Aqui se enuncia, de modo ainda tênue, um tema que terá uma rica posteridade: o filósofo cumpre a realização do humano e da compreensão de si mesmo e do mundo, enquanto o homem comum permanece do lado da incompreensão, da falta de sentido, da cegueira ou da surdez.

Como todos os homens, essas pessoas com "almas bárbaras" são dotadas de razão. Mas elas a usam de modo deficiente, aproximativo, desprovido de pertinência ou de precisão. Essas "almas bárbaras" falam mal a língua do pensamento. Confundem seus vocábulos e ignoram sua sintaxe. E, naturalmente, essas almas bárbaras podem ser almas gregas! A frase se tornaria absurda se fosse preciso entender que diz respeito às almas egípcias, persas ou lídias. "Bárbaras", aqui, não denota de modo algum "não grego", mas sim

OUVIR A VERDADE

a falta de compreensão, e apenas ela. Se essas almas forem estranhas, elas o serão à plena realização de sua humanidade. Gregos com alma bárbara são, em certo sentido, estranhos a si mesmos.

Descobrir o que significa pensar seria, pois, perceber as palavras da realidade. Experimentar seu sentido, sentir diretamente seu alcance. Conhecê-las verdadeiramente logo de início. Pensar, nesse sentido, não pode ser senão o pensar verdadeiro — segundo a própria ordem do real, segundo a lei intrínseca do mundo. São fórmulas curiosas, diante das quais é possível hesitar. Parece-me que a experiência do pensamento, tal como pode ser vista a partir dos Antigos, consiste justamente no cessar dessa hesitação. Entre o discurso, as ideias e as coisas manifesta-se então uma correspondência ao mesmo tempo indubitável e enigmática. As ideias não são mais uma região longínqua, e menos ainda uma fábula. São partes do mundo, tão sólidas e compactas quanto rocha ou madeira maciça. A significação do mundo também é tão sensível, acessível e apreensível quanto as coisas.

Ao menos enquanto não se disser exatamente o inverso. Demócrito, em nome do pensamento, proclama, pelo contrário, que o mundo é perfeitamente desprovido de sentido. Ele não contém, tampouco revela, a menor intenção, nem a menor palavra.

O homem que ri do sem sentido

NOME	Demócrito, nascido por volta de 460 a.C.
LOCAL	Abdera (Trácia, norte da Grécia atual)
LEITURAS	*Fragmentos*
EM RAZÃO DE	Seu materialismo sem ilusões

Pré-socrático? E por que motivo? Na verdade, Demócrito é contemporâneo de Sócrates, nascido apenas nove ou dez anos antes dele. Quase toda a sua vida se desenrola ao mesmo tempo que a de Sócrates, e não antes. Embora seja manifestamente falso situá-lo entre os predecessores de Sócrates, o fato de que ele figure nessa posição muitas vezes é antes um sinal de desinteresse, até de certo desprezo. Ou mesmo de um verdadeiro ódio. Este se manifesta desde a Antiguidade.

Atribui-se a Platão a afirmação de que as obras de Demócrito deveriam ser queimadas. Impossível saber se esse fato é verdadeiro, mas nada há nele de inverossímil, tão forte era a aversão de Platão a esse pensador materialista. Demócrito sustenta que não há no mundo senão vazio e átomos, isto é, grãos de realidade impossíveis de ser quebrados, rompidos, segundo o próprio sentido do termo grego *a-tomos*: "que é impossível cortar, indivisível."

Platão deveria detestar mais intensamente, no materialismo de Demócrito, o fato de este privar o mundo inteiramente de toda significação. Para Demócrito, com efeito, a realidade é rigorosamente desprovida de sentido. Ainda que os homens devam necessariamente atribuir-lhe um significado, a natureza não possui nenhuma por si mesma. Esse filósofo sem dúvida foi, na história ocidental, o que primeiro levou até o fim o desencantamento e a desilusão.

Eterno e incriado, o mundo não possui nenhum sentido. Impossível, nessa perspectiva, acalentar qualquer tipo de consolação. É inútil implorar, ou até mesmo procurar descobrir, o segredo da presença — ele não existe. Os homens existem sem motivo, sua vida é um acidente, inelutável, mas sem nenhum alcance particular: "Eles saíram da terra como pequenos vermes, sem nenhum autor e sem nenhuma razão", dirá o cristão Lactâncio, em suas *Instituições divinas*, alguns séculos depois, para resumir a posição de Demócrito. Essa ruptura radical com a atitude comum, essa

Ouvir a Verdade

rejeição aos curativos habituais que mantemos para amenizar o absurdo da existência, eis algo que sem dúvida provocou a péssima reputação desse filósofo e seu isolamento na posteridade.

Em sua época não era assim. Os seus contemporâneos levavam em consideração não o desencantador, mas o homem que sabia tudo. Os gregos parecem ter experimentado uma forte admiração pelo conhecimento enciclopédico de Demócrito. Ele encarna a figura do sábio que se interessa por todos os aspectos da realidade. Ele representa a sede de saber, o desejo de tudo observar, de tudo encontrar. Ele é *polumathos*, isto é, aquele que possui variados conhecimentos sobre todas as esferas da realidade física e humana.

Segundo os catálogos de suas obras que ainda temos, Demócrito teria escrito sobre muitos assuntos diferentes: fenômenos celestes, animais, meteorologia, países longínquos, mecanismos tanto da física quanto da biologia. Ele também tinha a fama de ter sido um grande viajante. Eram-lhe atribuídas viagens ao Egito, à Índia e à totalidade do mundo conhecido. É pouco provável que todos esses périplos e todas essas peregrinações tenham sido realizados pelo personagem real que carregava esse nome e que viveu em Abdera, em meados do século V a.C.

No entanto, ao se falar em Demócrito, na Antiguidade, pensa-se em um homem que tudo viu e que acumulou "a totalidade do saber possível", como Aristóteles dirá mais tarde para definir a filosofia. A parte de sua obra que foi conservada é pequena. Contudo, conservou-se dela mais do que da de Heráclito e de muitos outros. Centenas de páginas de Demócrito, ou de resumos de sua doutrina, podem ser lidas por nós.

Delas se depreende uma concepção materialista do mundo. Demócrito a herdou de Leucipo e a reformulou. Em meados do século XIX, um estudante de filosofia consagraria sua tese à *Diferença entre a filosofia da natureza de Demócrito e a de Epicuro.* Ele se chamava Karl Marx. Muito antes dele, Epicuro e outros haviam herdado o pensamento materialista de Demócrito.

Se há apenas átomos e vazio, se nenhuma intenção divina imaginou isso, se nenhuma vontade superior decidiu isso, se somente processos mecânicos fazem existir o que vemos, então esse mundo incriado, desprovido de significação, sem deuses, não deve ter religião. O pensamento de Demócrito é radicalmente contrário a toda forma de transcendência e também a toda forma de crença religiosa.

Ele parece, até mesmo, de acordo com certos testemunhos, opor-se à ordem social. "As leis", dizia ele, "são uma má invenção, e o sábio não deve obedecer às leis, mas viver livremente." Convém, no entanto, observar que essa afirmação é atribuída a Demócrito por Santo Epifânio de Salamina (falecido em 403), padre que era grande censor de todas as heresias e pouco inclinado, como se pode desconfiar, à objetividade do historiador diante de um pensador dessa natureza...

Julgou-se, por fim, que sustentar, como Demócrito, que "o universo não é obra de nenhum demiurgo" era um sinal de loucura. A lenda de Demócrito entrelaça a loucura, a sabedoria e o riso. Ela se constituiu, ao que parece, quatrocentos ou quinhentos anos depois de sua morte. Essa história tardia diz que os habitantes de Abdera constataram que seu sábio tinha perdido o senso das coisas. Ele passara a rir de tudo — dos lutos, das dores, dos dramas e dos sofrimentos, dos horrores e das misérias. Talvez por ter enlouquecido. Era preciso fazer de tudo para salvá-lo, pois sua insanidade ameaçava a coesão da cidade e perturbava a paz coletiva.

Hipócrates, o grande médico da ilha de Cos, pai das terapêuticas, foi chamado pelos abderitas à cabeceira da cama do filósofo. Ele o examinou e concluiu: "Não é loucura, é um excessivo vigor de alma que se manifesta neste homem." Excesso de ciência, é disso que sofre o filósofo: é vítima da ignorância dos outros, de seus preconceitos e de sua inconsistência. Ele é considerado louco, mas somente porque ri da loucura dos homens. A loucura aparente revela-se sabedoria, portanto, e o bom-senso habitual parece delirante, mas isso ainda não explica por que Demócrito ficou tão alegre. Hipótese: dissolver a significação do mundo e da existência humana gera uma angústia que somente o riso pode superar.

Diante do nada, da falta de sentido, da ausência radical de justificação do mundo, dos incontáveis delírios sem fim dos homens, nada resta àquele que escrutou esse vazio, senão cair na risada, de modo interminável.

Um par simbólico

Demócrito ria, de acordo com a lenda. Era necessário para essa figura com uma resistência — alegre e lucidamente desesperada — à injustificável presença da realidade um complemento, outra face, simétrica e inversa. Que foi o seguinte: Heráclito iria se tornar o homem que chora... Quem inventou essa lenda? Quem forjou esse par? Ninguém sabe precisamente, mas a criação é antiga, retomada de século em século e infinitamente recomposta.

Esse é um bom exemplo da plasticidade das representações dos Antigos e de sua função imaginária. Eis dois filósofos que, aos nossos olhos, nada permite aproximar. Eles não se conheceram, nunca mantiveram um diálogo, nem sequer polêmicas por meio de discípulos interpostos. Suas doutrinas são dessemelhantes a tal ponto que seria difícil, até mesmo impossível, conciliá-las. Mas elas não constituem universos por essência antagônicos, necessariamente em luta um com o outro.

É desconfortável, além disso, justificar o que pode permitir associar a figura de Heráclito aos choros e a de Demócrito ao riso. Considerar o primeiro pessimista e o segundo otimista não faz muito sentido, não mais do que dizer que um é triste, e o outro alegre. Apesar disso, porém, assim quis a lenda. Muito cedo, às doutrinas reais desses dois filósofos se sobrepôs um par de silhuetas estereotipadas. Esse par acabou ganhando vida própria, de modo praticamente autônomo, independentemente do que se poderia saber a respeito de suas obras. Essa representação conseguiu se impor.

Ela parece ter se constituído entre os séculos I a.C. e I d.C. Cícero, no *De oratore*, já tinha escrito: "Que é o riso? [...] Deixo para Demócrito o cuidado de explicá-lo." Em cartas atribuídas a Hipócrates, mas provavelmente redigidas sob Tibério, no século I, atribui-se a Demócrito a seguinte réplica: "Rio apenas de um objeto, o homem cheio de irracionalidade, vazio de obras retas, pueril em todos os seus desígnios, sofrendo sem utilidade imenso trabalho, andando ao sabor de insaciáveis desejos até os limites da terra e em seus abismos infinitos, fundindo prata e ouro, nunca cessando de adquiri-los, e sempre perturbado por não ter mais ainda."

Juvenal, por volta do início do século II, retoma o tema: "Todo encontro com os homens fornecia a Demócrito matéria para rir." Dessa vez, contudo, Heráclito, em prantos, vem em oposição: "Assim que botavam o pé fora da casa", disse ele, "um ria, e o outro chorava." Sêneca, por sua vez, vai no mesmo sentido: "Heráclito, a cada vez que saía e via tantas pessoas à sua volta vivendo mal, ou antes perecendo, chorava, apiedava-se de todos os que ele encontrava alegres e satisfeitos... Demócrito, pelo contrário, nunca

OUVIR A VERDADE

aparecia em público sem rir, pois achava pouco sérios os atos que todos realizavam seriamente."

Com isso, a máquina foi posta em funcionamento. Ela só pararia entre os séculos XVIII e XIX! Nesse meio-tempo, encontramos o chorão e o risonho em Luciano (em *Leilão dos filósofos*), em Montaigne, em La Fontaine, em Spinoza. Eles também pululam na literatura espanhola e aparecem frequentemente na pintura clássica. São encontrados em Bramante, Rubens, Rembrandt, Jordaens, Velázquez, Ribera, Coypel... Apoiando-se geralmente em um globo terrestre, Heráclito, com um ar grave, e Demócrito, com um olhar zombeteiro, simbolizam duas faces do espírito, duas atitudes do homem diante do espetáculo do mundo. Com efeito, duas posturas indissociáveis do pensamento.

Minha intenção aqui não é seguir as aventuras desse par imaginário. Para retraçar suas peregrinações na cultura ocidental, seria necessário um livro inteiro. Quero apenas verificar o que ele pode nos ensinar. Que se pode rir da existência e chorar por causa dela? Isso seria algo bastante desinteressante, pois quem não sabe disso? Que os Antigos são objeto de lendas, de construções imaginárias, de representações que atravessam a história? Não há dúvida de que é útil lembrar isso, mas aqui tampouco há novidade.

Parece-me mais interessante investigar o que a lenda diz de verdadeiro, o que nos ensina sobre o pensamento. Não sobre o pensamento de Heráclito nem sobre o de Demócrito, mas sim sobre o pensamento em geral. A resposta consiste em algumas palavras, mas o que elas indicam vale ser guardado para ser posteriormente aprofundado: não há pensamento sem emoção; não há razão sem afeto; não há ideia sem tristeza ou sem alegria; não há filosofia sem corpo chacoalhado, por risos ou por soluços.

Que lições?

Não falta apenas uma experiência do pensamento, mas também um modelo de unidade aberta. Chamo desse modo a representação capaz de nos fazer entrever correlação e interdependência entre essas esferas vitais que tendemos a separar: matéria e espírito, emoção e razão, poesia e saber, arte e conhecimento, Antiguidade e modernidade... Em vez de compartimentar, é preciso ligar, articular, juntar. Mas de um modo suave, movente. Em vez de conceber unificações duras, reduzindo toda a diversidade do real a um princípio único ou a um único registro, é preciso conceber uma unidade plural, folheada, multipolar.

Encontro elementos disso na unidade dos contrários de Heráclito, na intuição de uma ordem do mundo, de uma arquitetura lógica do universo, das quais Demócrito logo me ensina a desconfiar, obrigando-me a abrir novamente o jogo, a repensar indefinidamente o fluxo dos corpos e dos pensamentos. O fato de que eles tenham se tornado, de reais que foram, figuras lendárias, não é algo que me desagrade.

Isso também contribui para manter aberta a experiência do pensamento. Eis, penso eu, o que esses pensadores, tão afastados e tão próximos, podem nos ensinar de essencial: que o pensamento existe e que nunca está concluído. É tecido com razão e afetos, emoções e conceitos, verdade e fábulas.

De fato, é muito artificial querer, a qualquer preço, separar o imaginário do real. Contrariamente àquilo que geralmente nos incitam a acreditar, os pensadores não se resumem a um corpo de doutrina. Também estão envoltos — inevitavelmente — por um halo de lendas, por um corpo de imagens e de representações, por uma sequência de relatos, de desejos e de sonhos. Aqui está, sem dúvida, algo que os Antigos nos ensinam mais claramente do que

OUVIR A VERDADE

os Modernos — que não escapam a essa regra, mas a dissimulam de modo sistemático.

Heráclito e Demócrito não são, pois, os únicos a ensinar que os pensadores são tão sonhados quanto compreendidos. Tampouco são os únicos a manter aberto, pelo movimento de sua confrontação, o espaço da reflexão. Desde que se preste atenção nisso, a mesma abertura, presente nos maiores, estará visível em todos os lugares.

4

Manter a mente aberta

Platão, Aristóteles, Sexto Empírico

Em minha opinião, Fedro, há algo terrível na semelhança entre a escrita e a pintura. Com efeito, os seres gerados pela pintura se mantêm de pé como se estivessem vivos; mas, se eles forem interrogados, ficarão imóveis em uma pose solene e manterão o silêncio. O mesmo ocorre no caso dos discursos. Poder-se-ia acreditar que eles falam para exprimir alguma reflexão; mas, caso sejam interrogados, por se desejar compreender o que dizem, eles se contentarão em significar uma única e mesma coisa, sempre a mesma.

O que diz Sócrates, nessa passagem do *Fedro*, de Platão? O sentido parece ser evidente: um texto escrito não faz outra coisa senão repetir. Sempre diz a mesma coisa, é fixo, imutável, incapaz de responder às perguntas. Parece falar, mas, na verdade, cala-se. Inversamente, a palavra viva — a de um indivíduo real, presente diante de nós e com o qual conversamos — é sempre diferente. Ela se afirma, mas de modo imprevisível, inventivo, pois fabrica a si mesma à medida que a discussão avança e que o diálogo se desenvolve. Essencialmente, a significação dessa famosa passagem parece, pois, explícita.

No entanto, o que há por trás dela? Que outra lição podemos extrair? Em relação àquilo que nos falta atualmente, que recurso ou que incitação podemos encontrar ali? O texto sugere, no fim das contas, que o pensamento é um movimento, que a reflexão é um processo indefinidamente aberto, sempre a ser desenvolvido. Não há esclarecimento das questões ou análise de conceitos sem um périplo em que sempre há imprevistos.

Aqui está um elemento central para o presente. Com efeito, falta-nos uma experiência contínua de abertura do pensamento. Em geral, temos apenas uma lembrança vaga desse movimento constante que torna a reflexão indefinidamente movente. Para nós, na maior parte do tempo, as questões estão delimitadas, a reflexão deve se interromper necessariamente com respostas. Importantes mesmo são os resultados. Assim que eles estiverem presentes, a tarefa estará terminada, o pensamento poderá parar, adormecer. Na verdade, o contrário é o verdadeiro. Não há pensamento verdadeiro senão o que se move, que é sempre fluido, indefinidamente aberto.

Platão, Aristóteles e Sexto Empírico são os monstros que nos ensinam isso, cada um a seu modo. Tal afirmação pode causar surpresa. Com efeito, esses grandes nomes são considerados, em primeiro lugar e sobretudo, filósofos que possuem uma doutrina, um corpo de conceitos, um método e resultados. Presta-se atenção em seus resultados mais do que no movimento de sua reflexão. Creio que seria útil nos esforçarmos em lê-los seguindo o sentido inverso: o que eles ensinam de mais precioso não é seu sistema, mas sim o caminho de seu pensamento.

MANTER A MENTE ABERTA

O homem que prefere o imutável

NOME   Platão, nascido por volta de 427 a.C.
LOCAL   Atenas
LEITURAS   Tudo! Absolutamente tudo!
EM RAZÃO DE   Descobrir o que significa pensar

Platão é tão somente o filósofo que cindiu o mundo em dois estágios distintos? Certamente ele fundou essa clivagem que atravessou séculos: de um lado, um espaço da matéria, do sensível, sempre mutável, dificilmente confiável, que reúne sensações com as quais mal podemos contar, pois tudo o que tocamos, vemos e provamos se impõe a nossos sentidos, mas é marcado pela evanescência e pela incerteza. De outro lado, a vertente do mundo a ser privilegiado, o das formas, o mundo das ideias, habitado por essências imutáveis, que caracterizam sua perfeição, sua imobilidade, sua eterna clareza. Essas verdades eternas, inoxidáveis, constituem a matriz, o modelo absoluto de tudo o que vemos.

Por exemplo: a ideia do círculo é sempre idêntica a si mesma, eternamente incorruptível. Os vários objetos circulares existentes — desenhados com giz, figurados na areia, recortados em madeira ou tecido — são, todos eles, submetidos à degradação progressiva. Se eu queimar um determinado objeto circular, se eu apagar a figura de giz no quadro, não modificarei em nada a ideia do círculo. Ela permanece imutável e imóvel.

Tendo em mente essas características do platonismo, corre-se o risco de transformar o pensamento de Platão em um sistema rígido, em uma doutrina que privilegia o puro e cristalino em detrimento do carnal. No entanto, mesmo que nos reportemos ao texto central para essa divisão que é a "Alegoria da caverna", não é certo que seja realmente assim. O que se retém da cena — essa curiosa história de prisioneiros acorrentados desde a infância, tomando as sombras por objetos reais, e depois libertos, conduzidos ao ar livre, acostumando-se com a luz e com o verdadeiro mundo — é uma conclusão dogmática: o mundo que julgamos real é constituído apenas de sombras e reflexos, o mundo verdadeiro é o das ideias, que fornecem os modelos para tudo o que vemos. Mais uma vez, se mantivermos essa concepção, Platão será considerado um fixista.

Entretanto, nesse texto paradigmático, é preciso perceber o que constitui o próprio movimento da filosofia: soltar o prisioneiro, desatar seus laços, obrigá-lo a se levantar, a andar, a deixar sua posição primitiva, a subir com dificuldade rumo à luz, ao céu das ideias, à visão das coisas reais. Nessa descrição, convém ficar atento a um fato central: ela trata apenas de movimentos. O que conta é o caminhar: rumo ao exterior da caverna, mas também, mais tarde, às trevas, quando for preciso voltar a descer. Platão insiste nisto: não será permitido ao filósofo contemplar eternamente a verdade, ele deverá se juntar aos seus antigos companheiros, voltar a encontrar os prisioneiros na escuridão, ou seja, voltar à realidade da sociedade — assuntos políticos, comércio confuso entre os homens — para pôr ordem nela. Aqui também o movimento é central: é preciso fazer o caminho inverso, avançar para descer novamente ao interior da caverna.

Com isso, o importante em Platão não são mais apenas o fixo e o imutável. Também o são a passagem, o caminhar, o caminho, o pé posto com dificuldade à frente do outro, o passo a passo. Essas metáforas corporais encarnam um movimento do pensamento que é mais crucial para a filosofia do que a pura contemplação. Esta não é senão um momento de parada entre dois movimentos: um para alcançar a verdade, outro para descer novamente e aplicar essa verdade no mundo humano.

O que reforça esse juízo sobre o lugar central do movimento do método de Platão é a própria forma de sua obra. Os comentadores — discípulos ou adversários — inventaram ao longo dos séculos uma doutrina batizada de platonismo. Essa doutrina não é fictícia, no sentido de que não haveria nenhum platonismo em Platão. Mas ela deve sempre ser reconstituída, e até mesmo construída. Esse "platonismo" não é exposto em lugar algum. Platão não escreveu nenhum tratado que explicitasse sua filosofia, que dissesse, preto no branco, qual é sua doutrina.

Seu procedimento era: fazer os personagens falarem. Um parece refletir o que ele pensa, outro parece defender exatamente o contrário. Nos textos de Platão, certamente se pode discernir o que ele prefere. Julga-se possível reconstituir com verossimilhança sua doutrina. No entanto, nunca algo é afirmado claramente. Pode-se sempre dizer que o que esse personagem sustenta não é necessariamente o que Platão pensa.

Essa encenação constrói um autêntico teatro de ideias — com suas tramas, reações, vozes díspares, timbres e ritmos. Nela podem ser encontrados todos os elementos de uma peça de teatro: cenas de gênero, monólogos, troca de réplicas mordazes, momentos de ira ou de emoção, longos desenvolvimentos... Esse dispositivo encarna o próprio movimento do pensamento: sempre vários pontos de vista, várias dimensões respondendo umas às outras.

Sócrates, ao enfatizar que nenhum texto responde a seu leitor como o faz um interlocutor vivo, sem dúvida tinha em mente essa abertura movente da palavra que circula entre vários protagonistas. Com efeito, com esses diálogos que põem em cena diferentes personagens e suas réplicas, Platão procurou inventar outro modo de escrever. Quis pôr em ação um tipo de texto que não fosse fixo, que conservasse uma capacidade de se bifurcar, de surpreender. Uma forma de pluralidade irredutível.

Os diálogos encarnam efetivamente esse movimento múltiplo. Erra-se ao pensar que "diálogo" significa "conversação a dois". O verbo *dialego* significa entreter-se, discutir, explicar, discorrer. Ele indica um caminhar através (*dia*) da palavra e da razão (*lógos*). Não pressupõe necessariamente, então, apenas dois (seria um "*duo*logo", não um diálogo). É em virtude de um hábito baseado em um contrassenso que opomos diálogo (em que falam duas pessoas) a monólogo (em que se exprime apenas uma pessoa). Com efeito, o monólogo diz respeito apenas a uma pessoa, mas o diálogo pode reunir e opor dois, três, quatro ou x interlocutores.

Por meio desse pensamento de vários, Platão organiza a abertura, o movimento indefinido das ideias, a possibilidade permanente de um prolongamento da análise, de uma nova retomada da reflexão. Ao sustentar que o pensamento consiste em um "diálogo da alma consigo mesma", ele indica que o outro não tem de estar fisicamente presente para intervir no próprio processo de reflexão. Não preciso ter sempre um ou vários interlocutores trocando ideias, objeções e réplicas comigo para que exista essa dimensão de abertura à alteridade que define o exercício do pensamento. Mesmo que eu esteja sozinho, mesmo que eu me cale, o simples fato de eu estar pensando já é um diálogo — porque ao pensar se constituem várias vozes em minha mente. Digo a mim mesmo: "Sim, isso parece ser verdadeiro, mas ainda assim as coisas poderiam ser vistas de outro modo... Se eu levasse em conta esse elemento que ainda não vi, não mudaria a perspectiva?"

O pensamento nunca é um bloco homogêneo, compacto, maciço, imóvel. O movimento é essencial dentro daquilo que há nele de mais denso. Pensar implica algo fluido, aéreo — justamente o contrário do que se está acostumado a atribuir a Platão. Basta lê-lo, creio eu, para perceber essa dimensão. Talvez se prefira

MANTER A MENTE ABERTA

deixá-lo de lado porque ele não é tranquilizador, na verdade. Com efeito, ele sugere que o filósofo não é um antigo prisioneiro agora livre para sempre, mas, antes, se nos é permitido dizer, um eterno fugitivo.

O homem que quer saber tudo

NOME	Aristóteles, nascido por volta de 384 a.C. em Estagira
LOCAL	Atenas
LEITURAS	*Metafísica, Política*
EM RAZÃO DE	Seu grande papel histórico

Essa mudança de perspectiva pode ser repetida, *mutatis mutandis*, no caso de Aristóteles. Pensa-se que seu pensamento é rígido e fechado, mas ele também é constituído apenas de movimento, abertura e fluidez. É verdade que, à primeira vista, Aristóteles é maciço. Pode-se até mesmo acrescentar que frequentemente é difícil, pesado. Ele não tem o estilo de seu mestre, Platão, um homem de discurso fácil e sedutor. Essa impressão está amplamente ligada ao fato de que chegaram até nós somente anotações feitas durante os cursos de Aristóteles, e não os textos redigidos por ele. Cícero ficara maravilhado com a beleza de sua escrita depois de ler obras hoje totalmente perdidas.

No entanto, mesmo levando em consideração a história particular dessas heranças, é incontestável que Aristóteles seja mais professoral, mais argumentativo que Platão e infinitamente menos elegante. Seu peso anda lado a lado com seu poder, pois Aristóteles está ligado — como qualquer estudante sabe ou deveria saber — à armadura das regras lógicas que ele pôs em ação. Devemos a esse mestre o fato de ter evidenciado as categorias a partir das quais pensamos. Ele deu destaque às linhas de força de nossos raciocínios

99

e formulou os princípios fundamentais da lógica, como o princípio de não contradição.

Por que um pensamento não pode ser contraditório? Por natureza. Não posso pensar um círculo quadrado. Ora penso um círculo, ora penso um quadrado, mas não conseguirei juntar em minha representação características que se excluam. Naturalmente, sempre poderei pronunciar as palavras "círculo quadrado", mas não terei nenhum pensamento correspondente a esses termos. Se, apesar disso, eu pretender pensar em "algo" ao pensar em um círculo quadrado, estarei brincando ou mentindo.

Evidentemente, a contribuição de Aristóteles não se limita à lógica. Também é decisiva no domínio da metafísica. As análises da questão do ser, do ser supremo e do primeiro motor constituem os alicerces da filosofia ocidental. Também é o caso dos tratados consagrados às questões políticas, à melhor constituição para uma pólis ou ainda à estrutura da tragédia e da comédia.

Seria, portanto, legítimo ter a sensação de que "o mestre daqueles que sabem", como se dizia na Idade Média, constitui o exemplo mais acabado de um pensamento sólido, construído sobre resultados verificados e termos claramente definidos. A principal contribuição dessa obra sistemática à filosofia estaria em sua construção exigente, em seus métodos probatórios e em seus resultados, e não em seu movimento.

No entanto, acreditar nisso é, mais uma vez, cair no erro. Aristóteles, na verdade, é um apaixonado pelo saber, uma espécie de bulímico que sabe pertinentemente que o conhecimento do mundo nunca terá fim. Esse esfomeado conduz uma pesquisa sem limite, sem fim, sem linha de chegada. Ele certamente adquire conhecimentos, conquista territórios inteiros de reflexão. Mas, a cada vitória, abrem-se novos horizontes a ser alcançados. A fome de conhecimento, em Aristóteles, é permanente e insaciável. Ao definir a filosofia como "a totalidade do saber na medida do possível", ele sabe que essa totalidade será sempre aberta. A totalidade do saber nunca será detida. Aristóteles já sabe o que sabemos hoje ainda melhor do que ele, que jamais chegará o dia em que se dirá: "A ciência está concluída, sabemos tudo, não precisamos mais investigar."

Esse filósofo pedia que pescadores lhe trouxessem peixes desconhecidos. Quando vinha algo estranho na rede, algum espécime jamais visto, os pescadores o levavam até as mãos de Aristóteles — para que ele o dissecasse, observasse, tomasse nota. Ele também se interessava por cobras, bisões, estrelas, pela maneira como a memória grava as lembranças. Procurava compreender, por exemplo, como se organizam os sonhos, o sono, as marés, os eclipses, a ereção, a secreção do esperma e a digestão dos peixes.

Ele era movido por uma curiosidade insaciável. Sua investigação prossegue por todos os domínios, incessantemente — desde os princípios da lógica até os habitantes do mar. Uma lenda lhe atribui a criação de dispositivos para não dormir, para continuar a pensar e a escrever o máximo possível. O que ele buscava? Compreender, estudar, esclarecer a totalidade do mundo. Essa forma de abertura do saber, esse senso agudo das surpresas contidas na realidade e essa permanente atenção à recomposição das análises em função de novos elementos fazem de Aristóteles não apenas um dos fundadores das ciências e dos métodos de pesquisa científicos mas também, e mais profundamente, um pesquisador polimórfico, cujo pensamento é de maneira permanente um hino ao movimento, à mobilidade das ideias.

Um Passeio pela Antiguidade

O homem que duvida de tudo

NOME   Sexto Empírico, nascido por volta de 190 d.C.
LOCAIS   Alexandria, Atenas
LEITURAS   Tudo, sem hesitar
EM RAZÃO DE   Aprender a desconfiar dos saberes

Com Sexto Empírico, a questão do movimento se apresenta de outro modo. Esse autor, efetivamente, não parece ter constituído uma doutrina. Mestre do ceticismo, do qual recapitula todos os aspectos, organiza sua obra como uma máquina de desmontar certezas. Seus livros são, em primeiro lugar, planos de batalha, armas de destruição. Sua atitude é sempre desconstruir o que se considera seguro, mostrar que os seres humanos não têm nenhuma certeza que se sustente. Seguidor de Pirro, Sexto Empírico ataca sistematicamente todos os saberes em seus *Esboços pirrônicos*, exposição completa da postura cética. Essa obra, datada do século III de nossa era, é um dos raros textos da Antiguidade que chegaram completos até nós, sob uma forma muito próxima da que o próprio autor deu a ele. Essa suma paradoxal foi traduzida para o latim por Henri Estienne em 1562. Essa versão obteve um êxito considerável na Europa de Montaigne, Maquiavel e Pascal.

Sexto não sustenta teses e quer mostrar que nenhuma delas poderia ser defendida: o que consideramos saberes não são senão perguntas malformuladas, ilusões ou artifícios. Qual é, pois, a relação disso com a questão que nos ocupa agora, a da abertura do pensamento e seu movimento? Por trás do aspecto corrosivo e destrutivo das argumentações do ceticismo, não se encontra apenas — como vimos com Pirro — uma busca por serenidade e libertação. Pode-se discernir também uma vontade de manter aberta a expectativa do saber.

102

Não, não sabemos! O que julgamos ter de mais sólido ainda é frágil. Precisamos continuar a procurar. É importante procurar dispositivos que possam nos permitir — um dia, talvez — alcançar um conhecimento efetivo. Tudo o que sabemos *por um momento* se revela incerto... Isso pode dar ímpeto ao prosseguimento da procura, de manter aberta a busca da verdade. A outra abertura que se manifesta nas investigações de Sexto Empírico é que a própria realidade permanece incerta. Podemos ter total segurança a respeito de nossas percepções, mas não da relação que elas mantêm com o mundo, que provavelmente jamais poderemos conhecer.

Que lições?

Para nós, que vivemos no presente cercados de tantos saberes e formas de conhecimento, para nós, que temos a convicção de que há cientistas para todas as áreas, de que basta convocar o especialista, não há nada, sem dúvida, mais útil do que essas lições de inacabamento. De diversos modos, os Antigos nos lembram sobre a abertura do pensamento, sobre nossa incerteza fundamental diante do mundo, sobre o caráter perpetuamente inacabado de nossos saberes. Eis, pois, um antídoto primordial contra a hiperespecialização.

No domínio dos saberes, nosso viés unilateral nos faz crer que o conhecimento positivo afasta a ignorância. Esquecemos a seguinte verdade: todo saber aumenta aquilo que não sabemos. Inversamente, isso não deve conduzir à conclusão de que nossa ignorância sai vencedora. O que é essencial, na verdade, é esse duplo movimento em equilíbrio instável: sabemos cada vez mais, isso é indiscutível, e é por isso que ignoramos de modo crescente. Esse duplo movimento anda lado a lado, constantemente. Interminavelmente.

Ainda é preciso que essa dualidade seja reavivada de forma incessante. Gregos e romanos entendem isso com pertinência. Por esse motivo, os filósofos antigos aparecem como "guardiões da ignorância". O que está em jogo é não deixar os saberes se fecharem, satisfeitos com sua especialidade e imbuídos de seus poderes. É preciso manter o movimento de abertura do conhecimento. Sócrates dizia, como todos sabem hoje: "Tudo o que sei é que nada sei." Ao repetir essa fórmula, tendemos a esquecer o quanto ela ainda é atual e o quanto nossa época, mais do que outras, deve atualizá-la. Para a manutenção da própria ciência, para a perenidade do sentido de seu método.

Não se trata de dizer simplesmente: "Sabemos muito, mas permaneçamos humildes e, sobretudo, tomemos cuidado com o uso de tantos conhecimentos." O que está em questão diz respeito ao próprio âmago do conhecimento científico. "Nunca acabaremos de procurar" é aqui uma máxima mais apropriada e, por fim, mais próxima do que foi afirmado pelos Antigos.

O que eles têm de mais precioso, nesse caso, é, pois, conduzir-nos novamente ao centro da ciência. Certamente, os dados de que dispunham eram "pré-científicos". Eles não sabiam, a respeito da composição do universo e dos processos da matéria, um milionésimo do que podemos ter a pretensão de conhecer. Apesar disso, eles estão imediatamente onde todo processo científico necessariamente se dá: na dialética entre o saber e a ignorância, no interminável desenvolvimento do desejo de conhecer. Também, se nos lembrarmos de que não há razão sem afeto, eles se encontram nesse choque tão singular: a emoção de não saber.

III

EMOCIONAR-SE

"Como eles morreram? Você duplicará meu prazer
se eles tiverem morrido nos últimos tormentos."

EURÍPEDES, *Medeia*

Platão ensina que a filosofia é um teatro. É preciso acrescentar que o teatro, ele também, é portador de filosofia. Porque desenvolve argumentos? Porque, em cena, ideias são ilustradas, defendidas, atacadas, esmiuçadas? De modo algum. A transformação das tramas em dissertações é algo moderno. Nos Antigos, o teatro é filosófico em outro sentido. Ele faz pensar por meio da emoção.

Essa é uma das coisas que, sem dúvida, mais nos fazem falta. Evidentemente, temos à nossa disposição todos os tipos de pensamento, de discurso teórico, de aparelho conceitual, de sistema de análise. Também temos grande quantidade de máquinas de emocionar, de dispositivos para fazer rir, chorar ou sonhar por meio de imagens apavorantes ou grotescas, de histórias brutais ou melosas. Em papel, em vinil, em cores ou em preto e branco, temos à mão, estocadas, mais emoções disponíveis do que as que podemos experimentar.

O que não temos são emoções pensantes. Nem sequer sabemos mais o que isso significa. Realmente não temos mais ideia do que é ser tomado pelo terror ou pela alegria e confrontado — ao mesmo tempo, no âmago dessa própria emoção — com uma questão que nos oprime e que atravessa

Um Passeio pela Antiguidade

toda a nossa existência. Encontramos muito raramente o pânico grandioso, o rir radical, essas perturbações intensas que põem em movimento a reflexão, que a exigem, que a alimentam.

Contudo, nós as encontramos nos Antigos, nesses conflitos estranhos que são apresentados pelas tragédias, nesses deslocamentos insólitos suscitados pela comédia. Com a condição de não olhá-las com lentes deformadoras nem com interpretações prontas. Para entrever o que se trama nessas emoções pensantes, é preciso começar por deixar de lado o que julgamos saber a respeito desse teatro.

5

Atravessar a desgraça

Ésquilo, Sófocles

Um herói que se dirige rumo à própria destruição, a uma morte inevitável. Este é, ao que parece, o primeiro elemento da tragédia. Matar o próprio pai sem o saber, casar com a própria mãe (Édipo), ser sacrificada por seu próprio pai (Ifigênia), massacrar crianças (Medeia), sempre realizar as previsões do oráculo por meio dos esforços feitos para tentar fazê-lo fracassar — esse é o esquema geral. O trágico seria, pois, sinônimo de destruição inevitável: o herói cumpre seu destino — necessariamente funesto — tentando, por todos os meios, escapar dele.

De acordo com essa perspectiva, que se tornou habitual, o que caracteriza a tragédia é confrontar incessantemente necessidade e liberdade, destino e decisão. Seria trágico esse dispositivo essencial: tudo o que se faz para escapar da destruição conduz a ela, em virtude de uma astúcia espantosa e diabólica. Afunda-se um pouco mais a cada vez que se tenta sair. Uma maldição interna anima as trajetórias dessas famílias malditas, como a dos Átridas: Agamêmnon é assassinado pela própria mulher, seu filho Orestes mata a própria mãe para vingá-lo, e ele é então atingido pela loucura... As engrenagens são de tal ordem que ninguém poderia escapar do destino. O personagem é destruído por sua cegueira, por sua paixão, pela desmedida que nele vive.

Esse é, resumidamente, o quadro no qual se está quando se fala em tragédia grega. Contudo, assim que se olha para os próprios textos — a complexidade de seus dispositivos, a diversidade de suas dramaturgias, a disparidade das tramas que eles põem em ação —, percebe-se que o esquema é muito menos simples e menos mecânico.

A tragédia é mais enigmática do que se pensa. Seu aparecimento repentino é estranho, assim como a curta duração de sua existência histórica. Aproximadamente em 500 a.C. foram feitas as primeiras representações no teatro de Dionísio, não longe do Partenon, na Acrópole. Essa forma de teatro, pelo que se pode julgar, não foi precedida por nada. A filosofia ou a interrogação científica transformaram materiais antigos: elas retrabalharam mitos, máximas populares, metamorfosearam práticas religiosas. Sem negar a novidade de seus procedimentos, é possível observar que elas foram precedidas, prefiguradas ou preparadas por processos anteriores.

Em compensação, não conhecemos nenhuma forma teatral que prefigure os trágicos gregos. Nada que permita explicá-los. O aparecimento da tragédia é repentino e fulgurante, e a brevidade de seu florescimento é surpreendente. É verdade que autores trágicos existirão até o fim do Império Romano. No século V d.C., representações ainda eram realizadas. Portanto, o gênero perdura por cerca de mil anos. No entanto, seu verdadeiro desenvolvimento e maturidade ocorrem em oitenta anos, como o nascimento da democracia ateniense.

O próprio termo "tragédia" é enigmático. *Tragos* significa "bode", e *odos* "canto". Literalmente, a tragédia é, pois, "o canto do bode", mas ninguém parece ser capaz de dizer por quê, tampouco o que isso realmente significa. Alguns historiadores acreditam que homens disfarçados de bode começaram a recitar os primeiros cantos trágicos, mas não temos nenhuma prova disso. É até relativamente pouco plausível, pois são conhecidos, na mitologia grega, homens-cavalo, os centauros, mas não homens-bode, ao menos nas representações conservadas. Imaginou-se que se oferecia um bode como recompensa ao melhor autor de tragédia. Aqui tampouco se pode ver o que isso particularmente significaria. Outra hipótese é a de que um bode era oferecido em sacrifício a Dionísio durante esses rituais teatrais. Não é inverossímil, mas aqui também nada foi estabelecido de modo realmente definitivo.

Em contrapartida, sabemos com certeza que os três grandes autores que resumem por si sós todas as facetas da tragédia antiga — Ésquilo, Sófocles, Eurípedes — se sucedem uns aos outros em menos de um século. Ésquilo é o mais velho, Sófocles e Eurípedes são praticamente contemporâneos, embora Sófocles seja mais velho. Como viveu até uma idade muito avançada, ele foi durante grande parte de sua existência contemporâneo de Eurípedes.

Uma última singularidade: temos apenas uma visão parcial, até mesmo lacunar, desse repentino e curto florescimento de obras. Das 98 peças atribuídas a Ésquilo, restam-nos apenas 7 — menos de uma décima parte. Das 123 tragédias que Sófocles provavelmente escreveu, também temos 7, apenas a vigésima parte. E das 92 atribuídas a Eurípedes pelos relatos dos comentadores da Antiguidade, felizmente 18 foram conservadas — o que representa menos da quinta parte de sua obra.

Mesmo que tenhamos atribuído considerável importância literária, filosófica e humana ao conjunto dessas tragédias, temos apenas 30 delas — mais exatamente, 32. Ésquilo, Sófocles e

Eurípedes provavelmente escreveram, juntos, pouco mais de trezentas. Essa décima parte nos basta para ter consciência de seu gênio e de sua importância na história da humanidade. Contudo, tanto nesse caso quanto em muitos outros, é possível que nossa perspectiva seja deformada, que nossa visão seja parcial, por ser incompleta. Nosso juízo talvez fosse diferente se tivéssemos um número maior de originais. No entanto, da parte conservada que podemos ler, muitas tragédias gregas do período clássico não correspondem, na realidade de seu arranjo, à concepção que temos delas.

A dor dos outros é nossa dor

NOME	Ésquilo, nascido por volta de 525 a.C. em Elêusis
LOCAL	Atenas
LEITURAS	*Os persas, Oresteia, Sete contra Tebas*
EM RAZÃO DE	Sua estranheza

Considere-se, por exemplo, *Os persas*, de Ésquilo. Seu ponto de partida é uma cena mitológica? Um episódio arcaico, heróis lendários? De modo algum. Pelo contrário: é a atualidade. Um grande acontecimento contemporâneo, incontestavelmente real, presente em todas as memórias, uma guerra que a maior parte de seus espectadores viveu. Entre a batalha de Salamina, na qual os gregos conseguiram massacrar a frota e o exército persas, e a tragédia de Ésquilo, passaram-se apenas oito anos.

Trata-se de uma história puramente grega? Difícil dizer. O gênio de Ésquilo foi, com efeito, situar a ação no território dos outros, os inimigos vencidos. A peça põe em cena o anúncio da derrota, a dor das mães, o luto pelos soldados que pereceram tão longe. Ver no palco os persas sofrendo a perda dos seus, as mulheres aos prantos, o imperador abatido, sem dúvida tem como efeito suscitar, nos espectadores atenienses, um sentimento de orgulho, de satisfação, por ter conseguido uma vitória que parecia impossível.

É preciso recordar, com efeito, que os gregos lutaram contra os persas na proporção de um contra dez. Suas chances de ganhar pareciam ser as menores possíveis. Os persas eram ricos, numerosos, bem-armados, organizados, disciplinados. Esses "bárbaros" eram completamente diferentes daqueles que combateriam, séculos depois, as legiões romanas nas margens do Danúbio ou do Reno. As hordas do norte eram pobres, dispersas, grosseiras, indóceis, malcomandadas. Quando os gregos imaginavam a si mesmos diante dos persas, eles viam, pelo contrário, um pequeno povo enfrentando um imenso império cujo ouro brilha por toda parte, pequenos grupos de soldados determinados diante de um gigantesco exército imperial superequipado. Nem é preciso dizer que a imaginação tem sua parte nessas representações. Estas também se baseiam em uma incontestável desproporção de poderes e riquezas. A extraordinária vitória de Salamina pode, portanto, legitimamente encher os gregos de orgulho. Os espectadores atenienses se alegram com sua evocação em cena.

Mas essa evocação ao mesmo tempo é perturbadora. A dor dos outros é parecida com a nossa. As mães choram as mesmas lágrimas, as amas soltam os mesmos gemidos. E os pais sentem as mesmas trevas invadirem seus corações. Os inimigos foram vencidos, motivo de alegria e de orgulho, mas esses inimigos sofredores são humanos, esses bárbaros são nossos semelhantes. Eles experimentam, como nós, a perda dos seus, o amargor dos desastres. Isso é o que a tragédia de Ésquilo faz pensar-experimentar.

Aqui não há nenhum herói que destrói a si mesmo. Tampouco há uma consciência esmagada pelo destino. Antes de qualquer

Um Passeio pela Antiguidade

outra coisa, há uma emoção pensante, a dificuldade de descobrir que o inimigo também é humano, que o adversário vencido é fraco e digno de pena. Naturalmente, ele paga o preço de sua desmedida. Ele foi vencido, de fato, pelo peso da própria ambição e pelas consequências da própria loucura. Mas sua dor o torna próximo. Parecido conosco, mesmo que não seja de um modo fraterno. É algo perturbador. E que faz pensar.

As palavras dos outros são nossas palavras

NOME	Sófocles, nascido por volta de 496 a.C. em Colono, perto de Atenas
LOCAL	Atenas
LEITURAS	*Antígona, Édipo rei, Electra, Filoctetes*
EM RAZÃO	Da violência clássica

Tomo outro exemplo de emoção pensante da tragédia de Sófocles intitulada *Filoctetes*. Essa tragédia também é atípica. A peça põe em cena um dos lendários companheiros de Héracles. Ferido no pé por uma serpente, ele sofre terrivelmente. A mordida infecciona e gangrena a carne. A chaga supura, não cicatriza mais, a dor se torna mais intensa. Filoctetes não para de gemer. Seus companheiros não suportam mais seus gritos, nem seu odor contaminado. Eles o abandonam em uma ilha deserta.

Essa é uma situação estranha: um homem ferido, isolado, berrando de dor, andando com dificuldade, incapacitado por uma chaga que não cicatriza nunca. Nessa história pouco plausível, pode-se procurar uma evocação da condição humana. Talvez todos nós sejamos vítimas de uma chaga que não fecha, que gritam na solidão e por fim são abandonadas. Entretanto, a trama continua em um registro diferente: Ulisses e seus companheiros atracam na ilha em que se encontra Filoctetes, não para socorrê-lo, mas para recuperar as flechas mágicas de Héracles que Filoctetes tinha guardado.

Atravessar a Desgraça

Eis que os gregos chegam à ilha em que geme esse homem ferido. Ulisses encarrega um dos seus — o filho de Aquiles — de ir ver Filoctetes. Este vê os homens ao longe e inicialmente pensa que eles são estrangeiros. Mas então os ouve: eles falam grego! E ele exclama: "*o philtaton phónema*", literalmente, "som mais querido", "som querido". Como mostrou de maneira forte um texto póstumo do filósofo Jean-Toussaint Desanti, pode-se encontrar nessa breve cena uma importante perspectiva sobre as relações entre o espaço verbal e o corpo.

O que tanto emociona Filoctetes e o espectador? O fato de que a solidão do guerreiro por fim termina? Que os desconhecidos sejam gregos, e não bárbaros? Há mais do que isso. Não foi uma palavra em particular que Filoctetes ouviu, sequer uma frase. Foi o som da língua, a música familiar dos termos maternos. Essa sonoridade o liga aos outros e a si mesmo. Ela constitui o mundo comum do qual ele tinha sido exilado. Esse som "mais querido", mais amado — esse som que é "o mais seu", o mais "próprio" de seu universo (o termo grego "querido" pode servir como possessivo) —, não se reduz a uma ferramenta de comunicação, a um instrumento que permite ligar Filoctetes a seus semelhantes.

O que está em jogo é mais fundamental, menos fácil de definir. O que lhe é restituído de uma vez, integralmente, por esse fragmento sonoro, não é a esperança de deixar a ilha, de ser curado, sequer a simples possibilidade de conversar em sua própria língua, com pessoas de sua cultura. É seu corpo que lhe é devolvido, o espaço que ele habita, a capacidade de experimentar a si mesmo ao falar-pensar quando se dirige ao outro.

A crueldade da trama quer que Ulisses e os seus se interessem apenas pelas armas mágicas guardadas por Filoctetes. Eles conseguirão convencê-lo a entregar-lhes as armas, sem realmente se preocuparem com sua sorte. O espaço comum aberto pela língua materna também é o da possível traição, do eventual abandono, do silêncio que voltará a se impor. E é nisso que a emoção suscitada por Filoctetes faz pensar: ferido, reencontrado, depois novamente abandonado, ele foi feito à imagem de todos nós, expostos à alegria transbordante do encontro, assim como às angústias do abandono.

Mais uma vez, esses momentos de emoções pensantes — há mil outros a serem descobertos nos trágicos — não se enquadram muito bem na imagem habitual da tragédia, espetáculos pungentes, sem dúvida. Cenas emocionantes, com certeza. Nada a ver, porém, com essa grande máquina de moer os destinos que com tanta frequência foi construída.

Num livro recente, Pierre Judet de la Combe pergunta: "As tragédias gregas são trágicas?" A resposta é negativa. O que se chama de "tragédia", nos gregos, é um dispositivo teatral mais diversificado que a imagem que temos dela. Os acasos da existência e a contingência dos acontecimentos geram uma diversidade de situações, de sentimentos e de tramas que não cabe no quadro no qual estamos convencidos de que ela deve imperativamente entrar. Nossa concepção de "tragédia grega" foi fabricada pelas análises dos filósofos alemães do século XIX. Schelling, e depois Hegel, forjou a representação do herói trágico que vai sozinho ao encontro de seu destino e põe à prova o poder de sua liberdade, colocando em perigo a própria existência.

Hegel se esforça também em cristianizar o conflito trágico ao desejar que o herói escape do julgamento impessoal da lei, divina ou moral, para entrar em uma confrontação única com seu destino. Desse modo, o herói cumpriria a realização de sua existência pessoal concreta em vez de responder por um crime julgado de um ponto de vista universal. Outros se sobrepuseram a essa versão conhecida de acordo com a evolução das sensibilidades.

ATRAVESSAR A DESGRAÇA

Brecht, em meados do século XX, utilizou o poder emotivo da tragédia em uma perspectiva marxista. Ela simbolizaria a luta desesperada contra o totalitarismo no século XX. Dessa vez, a tragédia grega encarna a ideia de que a humanidade vem se chocar contra o absurdo, o nada sem rosto da dominação e do esmagamento.

Tais leituras têm sua legitimidade. Mas elas falam muito mais dos leitores modernos e de suas preocupações do que dos gregos e de seus modos de sentir e de pensar. Vemos as tragédias clássicas como conflitos entre livre-arbítrio e determinismo, entre vontade e destino. Os gregos geralmente se contentavam em dizer que este ou aquele personagem havia sido "punido com a loucura pelos deuses". Em vez da maquinaria filosófica e política que os Modernos elaboraram, os Antigos muitas vezes se contentavam em dizer que Zeus tinha se apoderado do espírito do herói.

Estamos então muito longe da questão do livre-arbítrio, da responsabilidade pelos crimes e da autodestruição. Quando um homem comete homicídios sem nenhum sentido, age de modo desumano, incompreensível e desmedido, a culpa é... dos deuses. Para fazer coisas desse tipo, é preciso estar fora de si, possuído. A tragédia também resulta, talvez sobretudo, das armadilhas montadas pelos deuses aos mortais, dos jogos cruéis ou perversos aos quais eles se dedicam com as marionetes humanas. A tragédia evoca o que os deuses nos fazem sofrer: a arbitrariedade da existência, as flutuações da glória, a ignomínia da cegueira homicida.

Que lições?

Num fragmento póstumo contemporâneo do *Nascimento da tragédia* (1872), Nietzsche diz: "Somente a tragédia pode nos salvar do budismo." Estou convencido, de longa data, que essa fórmula é uma das chaves dos tempos modernos. Sob a condição, evidentemente, de instalar longe o suficiente um do outro cada termo dessa oposição. O budismo, para Nietzsche, simboliza o Oriente, a recusa de sofrer, a negação do querer-viver, o acesso sonhado a um mundo sem conflitos, pacificado, desprovido tanto de dor quanto de paixões. Em oposição a isso, a tragédia torna-se sinônimo do Ocidente, de um mal-estar assumido, de uma vida conquistadora, de conflitos suportados, de guerras e de forças antagonistas que aceitam desfrutar e sofrer. Há apenas esses dois caminhos. Nenhum outro. Eles podem mudar de nome ou de aparência, mas se encontram perpetuamente ressurgentes e inconciliáveis.

Não há dúvida de que se pode debater indefinidamente sobre a preferência que deve ser dada a um ou outro polo. A escolha de Nietzsche é irreversível. Ela é discutível, mas ele tem razão pelo menos em um ponto. Com efeito, as emoções pensantes da tragédia grega estão muito longe dos exercícios de meditação budistas, pois elas nos ensinam não apenas que o conflito conduz o mundo mas também que ele se situa dentro de nós mesmos.

Esse é, hoje, um dos elementos que mais nos fazem falta, sem que sequer nos demos conta disso, na maior parte do tempo. Minimizamos os conflitos entre os outros, recusamo-nos a ver os antagonismos entre os outros e nós, e geralmente não vemos nenhum dos conflitos que nos opõem a nós mesmos. Se a tragédia grega tivesse, ao lado de todas as suas grandezas, ao menos a virtude de nos deixar entrever que as piores lutas se dão entre nós e nós mesmos, teríamos motivo suficiente para ir até ela assiduamente.

6

Rir de si mesmo

Aristófanes, Luciano

Houve pouco interesse pela comédia — entre os filósofos e entre todas as pessoas cultas. A principal marca do pensamento e da criação parece ser a angústia, a ansiedade, o choro, o lado sombrio do mundo... e não o riso. Mas os Antigos, particularmente os atenienses, inventaram o espetáculo cômico como uma forma de pensamento. Eles certamente não criaram o riso, mas sim essa cena singular em que um conjunto de espectadores, sentados lado a lado, se diverte com personagens exagerados e com seus comportamentos e contestações.

O nascimento de um dispositivo tão particular não pode ser apreendido de modo isolado. Não haverá nenhuma resposta satisfatória para a pergunta: "Por que então os atenienses inventaram a comédia?" A própria pergunta tem de ser reformulada, pois o cômico não é isolável. Considerá-lo isoladamente é uma ilusão. Ele é um elemento de um quebra-cabeça.

É preciso pensar o par comédia/tragédia — riso e choro, sempre duas máscaras — como uma invenção de duas faces, inseparáveis como frente e verso. No entanto, é necessário abrir mais o foco, sem limitar o olhar apenas ao domínio do teatro. A invenção do riso cômico é parte de um todo que inclui outros elementos: invenção da interrogação científica, criação da democracia, nascimento da filosofia, da matemática e do raciocínio lógico. Desse ponto de vista, os gregos elaboraram uma paisagem multiforme que ainda tem força em nossos dias. Nela coabitam a reflexão racional, a política igualitária da democracia e os espetáculos, trágicos ou cômicos, reunindo os cidadãos em uma série de emoções semelhantes.

O que nos falta então? Certamente o sentido dos vínculos, das circulações entre esses diferentes elementos. Tornamos o riso uma atividade subalterna, uma distração à parte. Geralmente praticamos um riso de segunda escolha, um sub-riso, se me permitem dizer. Enfraquecido, guardado nos cantos. Designado a lugares e momentos reservados. Um riso dividido em uma enxurrada de gêneros, de estilos, de registros que quase nunca se comunicam.

O riso dos Antigos, pelo contrário, é multiforme. Ele sempre combina vários registros, mistura situações, traços de caráter, personagens caricaturais que fazem rir, pertencentes à natureza humana eterna (ciúme, avareza, vaidade, cobiça, ambição...), mas também os fatos e os rostos da atualidade (guerras, rivalidades políticas, intrigas do momento, dirigentes atuais). O eterno e o efêmero se entretecem.

Assim como a finesse e a vulgaridade. A comédia grega não hesita em usar fios grossos e situações bastante grosseiras. Mesmo que isso desagrade os acadêmicos, um comediante com uma almofada de peido atravessa toda a comédia antiga. Os gregos nunca hesitaram diante de piadas escatológicas. Essa vulgaridade se combina de modo contínuo com brincadeiras finas, jogos de palavras, trocadilhos. A invenção verbal, portanto, é constante.

RIR DE SI MESMO

Uma força de criação linguística extraordinária se desenvolve permanentemente no âmago desse riso multidimensional.

Apesar de tudo, não há nenhuma dispersão nessa diversidade, pois um fio condutor reúne todos esses traços. De que riem os espectadores reunidos no teatro antigo? De si mesmos! A grande invenção do teatro cômico grego é que não se ri de qualquer um, nem dos outros nem de situações longínquas, extraordinárias ou convencionais. Os espectadores riem, juntos, de si mesmos. De suas pequenas fraquezas e de suas grandes aflições, de seus defeitos, de seus ridículos, de suas dificuldades do momento, de suas brigas políticas, de suas preocupações econômicas, militares, sociais... O cômico bebe do público para fazê-lo ver, de modo aumentado, caricaturado, como que mostrados sob a lupa, seus defeitos e sua maneira de ser. O riso provém de um espelho que deforma.

Essa particularidade é inédita. Ela não pode ser encontrada antes nem, sem dúvida, em outro lugar. Ela durou até os nossos dias, sob certos aspectos. Muitos espetáculos cômicos do presente fazem as pessoas da sala rirem com suas histórias, suas enrascadas políticas e suas brigas conjugais. O público ri de si mesmo, seja no século XXI, seja na época de Aristófanes.

A perigosa ambiguidade

NOME	Aristófanes, nascido por volta de 450 a.C.
LOCAL	Atenas
LEITURAS	*Os cavaleiros, As nuvens*
EM RAZÃO DE	Sua mistura de todos os registros cômicos

Aristófanes foi o primeiro a encarnar com força essa diversidade do riso antigo. Em *Os cavaleiros*, por exemplo, ele zomba de uma figura tão velha quanto a própria democracia: a do

121

demagogo. Como ela, ele começou a carreira nas ruas de Atenas, no século V a.C. Seu nome, forjado na língua de Homero e de Platão, significa "aquele que conduz" (*agogós*) "o povo" (*demos*). Para tornar-se influente, ele se dedica a falar ao povo: "voz canalha, linguagem do mercado", diz Aristófanes. O personagem não é nuançado quando diz a seus adversários: "Vou pregar você no chão" ou "Arrancarei suas pálpebras". É verdade que "a demagogia não exige um homem instruído, nem honestidade, ela precisa de um ignorante e de um infame".

Rapidamente o riso é tingido de inquietação, pois a linha que separa o democrata do demagogo frequentemente é indistinta, difícil de ser traçada com exatidão. Eles se parecem, como o cão às vezes se parece com o lobo. Marcar nitidamente o limite entre a norma e o excesso, no domínio da fala pública, muitas vezes se parece com um quebra-cabeça. A demagogia certamente não é o destino inelutável da democracia, como julgam seus adversários, a começar por Platão. No entanto, ela realmente constitui um risco continuado, um desvio sempre possível, que é preciso combater de modo incessante.

Ao fabricar rumores, ao urdir verdadeiros e falsos complôs, ao difundir pequenas frases e grandes ilusões, o demagogo depende daqueles que disseminam sua palavra. Nos povoados antigos, seu poder era grande, mas seu campo de ação, restrito. Depois disso, aperfeiçoamos a audiência... Aristófanes esclarece esse triunfo da estupidez vulgar, põe o dedo na ferida. No entanto, cometeríamos um erro ao imaginar que ele não faz senão combater virtuosamente os extravios da multidão e as fraquezas do povo. Ele também os lisonjeia.

Essa é a ambiguidade do cômico, sempre capaz de reforçar os defeitos que denuncia, utilizando, para isso, os defeitos que pretende combater. O mesmo Aristófanes que fustiga os demagogos zomba de Sócrates em *As nuvens*, traveste-o de intelectual enfático, manipulador, cuja perigosa sofisticação é capaz de colocar um filho contra o próprio pai, de tornar vitoriosa a mentira e de minar os fundamentos da autoridade. Ele acreditava nisso, sem dúvida. Não há razão para imaginar uma duplicidade em Aristófanes a esse respeito. No entanto, é evidente que ele reforça, por meio do poder da encenação, esses preconceitos populares dos quais compartilha. O papel desempenhado por essa comédia no processo de Sócrates e em sua condenação à morte não foi pequeno.

Os Antigos lembram que o cômico também se mantém na fronteira do mal-estar. Que junto com o riso às vezes há um ranger de dentes. Que o riso se baseia, às vezes de forma inconsciente, no medo, na crueldade ou na violência. Sabemos disso, certamente. Entretanto, temos uma forte tendência a esquecê-lo. Voltar a dizê-lo não é algo vão.

Voltaire em Roma

NOME	Luciano, nascido por volta de 120 d.C. em Samósata, Síria
LOCAIS	Antioquia, Atenas, Roma, Alexandria
LEITURAS	Tudo o que for possível
EM RAZÃO DE	Sua maldosa vivacidade

Luciano de Samósata é, sem dúvida, de todos os autores antigos, aquele que mais evidencia essa alegre crueldade do riso. Ele viveu muito depois de Aristófanes, no século II de nossa era, e não foi exatamente um autor de teatro, embora alguns de seus diálogos se pareçam com verdadeiras peças.

Esse homem é espirituoso, no estilo de Voltaire. Tem um senso de farsa como o de Offenbach. Um gênio do humor que range os

Um Passeio pela Antiguidade

dentes, como o de Desproges. Zomba dos filósofos, de sua autos-suficiência, de sua pretensa sabedoria, de seus golpes baixos. As pessoas que ele detesta são: charlatães, impostores, falsos videntes, manipuladores de esperanças. Os defeitos que ele denuncia: credulidade universal, ingenuidade simplória, candura arrogante. Todo mundo se deixa enganar: o ignorante se deixa enrolar, o sábio também. Em um canto, nosso homem observa, fulmina, toma notas. Por fim, Luciano desenha em três traços alguns esboços vingadores nos quais podem ser reconhecidas as silhuetas dos charlatães e das vítimas.

Nascido por volta de 120 d.C. em Samósata, no norte da Síria, esse grande estilista, que diz ser de origem bárbara (sua língua materna era, sem dúvida, o aramaico), escreve um grego puro, elegante, vivo. Seu tom é sempre uma festa: irônico, satírico, incisivo. Tantos talentos fizeram com que ele sobrevivesse: desse pessimista alegre restam-nos dezenas de opúsculos e centenas de páginas. Ele entusiasmou o Renascimento: Erasmo e Rabelais, sem ele, não seriam o que foram. A época clássica continuou a lê-lo: Cyrano de Bergerac toma dele a ideia das viagens fantásticas. Os iluministas — Swift, que lhe deve Gulliver, Fontenelle e muitos outros — visitam-no assiduamente.

Ele caiu no esquecimento quando a filosofia se tornou mais grave, com sua prosa alemã e seus conceitos pesados. Agora que tantos filósofos viram gurus, é importante redescobri-lo, pois ele sabe fustigar o ridículo daqueles que parecem sérios. Suas duas especialidades são denunciar as imposturas religiosas e zombar dos excessos filosóficos. Não se cansa de perseguir os fraudadores, os trapaceiros que procuram se aproveitar da credulidade humana.

Luciano faz ver como os homens tendem a crer em qualquer coisa, desde que a esperança de uma satisfação qualquer os anime.

RIR DE SI MESMO

Por isso eles podem ser ludibriados: querem, sobretudo, realizar suas ambições, seus desejos pessoais, seus sonhos persistentes. Se alguém afirmar que pode ajudá-los a concretizar suas aspirações, a evitar as doenças e a infelicidade, eles sempre acreditarão. Crédulos, engolirão qualquer história, confiarão no primeiro mercador que aparecer.

Um dos panfletos de Luciano, *Alexandre ou o falso profeta*, mostra um homem que se faz passar por adivinho. Sua astúcia: ele tem, nos cabarés vizinhos, uma rede de informantes. Eles o informam sobre o que ficam sabendo das dificuldades de uns e de outros — adultérios, trapaças, segredos de família. Quando alguém se apresenta, Alexandre finge ler seus pensamentos, "adivinha" por milagre suas dificuldades e angústias. O charlatão não recua diante de nenhuma fraude para estabelecer seus poderes ocultos. Manda roubar votos depositados ao pé de estatuetas que representam deuses, adultera estatuetas para fazê-las falar. O pior, evidentemente, não reside em sua engenhosidade perversa, mas na indefectível candura de suas vítimas.

Luciano também fustiga os excessos, os exageros e os ridículos dos filósofos. Essas pessoas, em sua opinião, se levam a sério demais... Ele não tem dificuldade alguma em zombar do orgulho insensato dos estoicos, do misticismo descabelado dos pitagóricos, da austeridade exorbitante dos cínicos. Sua grandiloquência é ainda mais risível porque os filósofos, a despeito de seus colossais discursos, não servem para muita coisa. Em *Leilão dos filósofos*, Luciano imagina os mais famosos — Aristóteles, Platão, Sócrates, Diógenes... — postos à venda no mercado de escravos. Eles não encontram comprador: ninguém vê utilidade em ter um filósofo em casa. Aristóteles é o mais depreciado: é bom apenas para escrever tratados entediantes.

A escolha de uma vida filosófica é um dos temas favoritos da ironia de Luciano. Que escola de filosofia devo escolher? Qual delas corresponde mais a mim? Que vantagens, que inconvenientes posso encontrar em cada uma delas? Essas são as interrogações que Hermotimo se faz no diálogo que carrega seu nome. Ao fim de um teste das diferentes vidas filosóficas e tendo passado pelo crivo as escolas de sabedoria disponíveis no mercado, Hermotimo não adotará nenhuma: todas são insatisfatórias!

Mestre da desilusão, especialista em desencantamento, Luciano às vezes passa dos limites. Sua ironia, por ser fustigante, às vezes pode parecer simplesmente malvada. Transformando-se em humor negro, sua zombaria pode parecer insuportável. Esse é o caso, por exemplo, da sátira intitulada *Peregrinus Proteus*.

O personagem com esse nome realmente existiu. Inicialmente cristão, ele se converteu à vida cínica, adotou o manto e a sacola dos discípulos de Diógenes e viveu, como eles, na rua. A anedota é preciosa para os historiadores, pois atesta as interações, geralmente pouco conhecidas, entre cinismo e cristianismo durante os primeiros séculos. A negação do mundo e das hipocrisias sociais, a prioridade dada ao exemplo vivo, aos gestos provocadores, constituíam pontos comuns entre duas forças de contestação que também se opunham em questões fundamentais.

Em Luciano, é o suicídio de Peregrinus Proteus que está em questão. O personagem proclama, nas Olimpíadas, que cometerá suicídio no próximo encontro. Com quatro anos de antecedência, ele anuncia que sacrificará em público sua existência. Sua intenção? Expor, aos olhos de todos, o domínio sobre si mesmo. O ato pode parecer irresponsável e repreensível. Loucura sublime ou provocação absurda, é difícil não ver nele uma decisão que mereça ser considerada. Ainda mais que o homem realmente se deixou queimar vivo, como prometido.

RIR DE SI MESMO

Entretanto, Luciano não vê nisso senão pura jactância. Ele considera que toda a história soa falsa. Ele ridiculariza esse filósofo e o acusa de querer apenas aparecer. Seu suicídio, no fim das contas, teria sido apenas um golpe de publicidade. Não se leva em consideração que Peregrinus Proteus tenha ido até o fim. Luciano insiste no orgulho e na vaidade do pseudossábio. Nesse caso, não parece que o humor seja engraçado.

Que lições?

O prazer suscitado pelos cômicos antigos é grande, mas essa não é a única razão para ir até eles. Seu modo de fazer o público rir de si mesmo, sua prática da zombaria, a corrosão dos valores e dos ideais desenham, nas entrelinhas, uma postura do espírito europeu que considero decisiva. À primeira vista, ela parece puramente negativa: denunciar os defeitos e os vícios, fazer troça de nossas fraquezas e de nossos defeitos, ridicularizar tanto a candura quanto a perversidade. Nada que seja construtivo. Nada que enuncie valores ou proponha normas. Isso é indiscutível.

O paradoxo é que essa atitude negativa também é aquela de que o Ocidente vai extrair continuamente suas forças de desenvolvimento, sua capacidade de progresso. Com efeito, a crítica e a autocrítica, a corrosão do sagrado, a dúvida e o questionamento a respeito dos ideais mais bem-estabelecidos participam da perpétua reinvenção dos valores e dos saberes que, desde os gregos, constitui a principal marca da cultura europeia.

Sem dúvida, esse paradoxal poder do negativo não pode ser definido em duas frases. Bastará aqui enfatizar que os gregos foram o primeiro de todos os povos em que podem ser encontrados pensadores e artistas capazes de duvidar sistematicamente que a verdade nos seja acessível, de negar que os deuses existam, de sustentar que seria melhor não ter nascido, de proclamar que os homens são maus e que vãs são as esperanças de melhorá-los. O riso, sob todas as formas, participa da criação desse distanciamento crítico.

Pressupõe, sob uma aparência alegre, uma grande dureza tanto em relação a si mesmo quanto em relação aos semelhantes. Talvez tenhamos nos tornado excessivamente suaves, gentis demais para ainda manter por ele o gosto e também o costume. Reencontrar o que um riso desses possui de incisivo e de impiedoso supõe que compreendamos justamente como o fim das ilusões é mais tonificante do que desesperador, mais estimulante do que deprimente. A isso se dedicam, cada um a seu modo, em outros registros, Sócrates e Diógenes. É tempo de nos unirmos a eles.

IV

GOVERNAR

"O homem contém dentro de si
tudo o que é necessário para governar a si mesmo."
RALPH WALDO EMERSON, *Journal*,
8 de setembro de 1833

Não nos faltam instituições. Nem constituições. Nem especialistas em análise estratégica. Nem bibliotecas de filosofia política. Nem partidos, militantes e eleições.

Falta-nos, em minha opinião, uma articulação pertinente entre governo de si e governo. Entre indivíduo singular e cidadão na pólis. Entre bem pessoal e bem comum.

Em outras palavras, sabemos mais ou menos o que significa governar nossa existência (quer consigamos, quer não). Também sabemos, mesmo que apenas de modo aproximativo, o que significa governar um Estado. Mas não sabemos mais claramente como essas duas tarefas se articulam entre si.

Um desvio pelos Antigos é crucial nesse ponto. Não para tomar deles modelos sociopolíticos por definição obsoletos. Nem para aprender simplesmente de que modo nos comportarmos. Mas porque esse vínculo que nos faz falta — entre homem e cidadão, privado e público, governo de si e governo coletivo — está no âmago tanto de seu pensamento quanto de sua prática.

Essa conexão, neles, não é necessariamente explicitada. Ela nem sempre é evidenciada, ainda que comande fatos e gestos. Por isso a lição

Um Passeio pela Antiguidade

política dos Antigos nem sempre está onde a procuramos — nas teorias explícitas, nas reflexões sobre o melhor regime, na organização do poder, nas legitimações do reino das leis.

Ela tem de ser procurada, antes, no movimento para desestabilizar os preconceitos, mostrar as evidências, pôr à prova as convicções habituais. Essa maneira de sacudir a mente, de chocá-la, às vezes também é um exercício de cidadania.

7

Deixar-se desestabilizar

Sócrates, Diógenes

O que é característico na democracia é a incerteza. O povo decide, cria para si mesmo leis, respeita-as e aplica-as, mas também pode mudá-las, anular leis atuais, redigir novas. Como nenhuma norma divina, revelada, válida por si mesma, impõe-se à pólis, a democracia começa quando o céu se esvazia. Cornelius Castoriadis, em especial, salientou isso: a dúvida, a corrosão dos dogmas conduzem à autonomia dos povos.

Manter essa incerteza aberta, abalar as respostas prontas que pretendem encerrá-la, é a tarefa tanto de Sócrates quanto de Diógenes. Sua tática consiste em: desestabilizar. Quando se trata de derrubar o que se tem por verdadeiro, eles se entendem. Assim que eles entram em ação, poucas convicções resistem. Não há dúvida de que seus métodos de intervenção sejam diferentes. Mas, sob essas diferenças de estilo, eles põem em ação uma mesma forma de desestabilização do indivíduo para que ele se torne cidadão, de seu país ou do mundo — mesmo que não seja sábio.

Por isso, é preciso seguir a pista desses possessos, escrutar os testemunhos que nos relatam suas fulgurâncias, pois não nos chegou nenhuma obra deles. De Sócrates, porque ele não escreveu nada. De Diógenes, porque seus textos se perderam. Lidamos apenas com filtros, discursos relatados, anedotas exemplares — sem nunca ter acesso direto a suas doutrinas ou a seus pensamentos. Situação típica da parte irredutível do imaginário de que são constituídos os Antigos. Sócrates e Diógenes devem ser inventados, recompostos. Serão eles, então, realidades plásticas, estatuetas de massa de modelar? Não.

Um homem incomum

NOME	Sócrates, nascido por volta de 470 a.C. perto de Atenas
LOCAL	Atenas
LEITURAS	O que lhe fazem dizer Aristófanes, Platão, Xenofonte
EM RAZÃO DE	Reinventá-lo

No campo, os soldados ficam se perguntando: o que ele faz? Há horas, Sócrates os deixou. Ele partiu e se instalou sozinho, lá em cima, em pé, apoiado na árvore que pode ser vista no topo da colina. Não se mexe mais. Seu olhar está fixo. Quando falam com ele, não parece ouvir. Tampouco parece ver, embora esteja com os olhos abertos. Que tipo engraçado, dizem. Em certos aspectos, mais parece um sujeito corajoso. Nunca se queixa, é resistente e corpulento. No entanto, não é mais jovem o suficiente para carregar as armas sob o sol, não está longe dos 40 anos de idade. Simplesmente é corajoso: pelo que se diz, nunca fugiu do combate. Aguenta bem o vinho! E sabe dançar!

Contudo, ele é estranho. Chega a ficar muito tempo sem falar. Mas, quando começa, nada mais consegue interrompê-lo. Ele diz que uma voz interior, seu demônio, lhe proíbe certas coisas e o detém. Ele sem dúvida é um pouco feiticeiro, um pouco sábio.

Aparentemente, conhece muitas coisas. Refletiu sobre elas com certeza. Também convive com pessoas famosas, ricos, políticos, mas sempre foi pobre. Diz-se ainda que essas pessoas o ouvem e o admiram, passam os dias juntos, debatendo pelos cantos. Esse homem é desconcertante.

De manhã, quando Sócrates volta, ele é ainda mais desconcertante, pois não oferece nenhuma explicação, come com apetite e volta a ocupar seu posto no exército ateniense, na cidade de Potideia, na costa de Calcídica. Durante a guerra, em 432 a.C., Sócrates defende Alcibíades, vítima de um ferimento. O jovem tem vinte anos a menos que ele. É belo como um deus. Sócrates é feio como um fauno, mas intensamente apaixonado por jovens talentosos.

Essa foi uma das raras vezes em que deixou Atenas. A cidade o viu nascer e verá sua morte. Toda a sua existência se deu ali. Ele nasceu aproximadamente em 470 a.C. Seu pai, Sofronisco, era artesão e escultor. Sua mãe, Fenareta, era parteira. Essa criança do povo conheceu de perto o trabalho manual. Ele conhece a técnica do buril, os segredos da escultura. Dirá que a mão permite "fazer a maior parte das coisas que nos tornam mais felizes que os animais". É possível que ele tenha trabalhado a pedra no ateliê do pai. Chegou a lhe ser atribuído até mesmo um fragmento do friso do Partenon... Pura especulação. Em todo caso, ele sempre toma exemplos do conhecimento prático das profissões — tecelão, marceneiro, sapateiro. Com ele, não é possível esquecer que *sophia*, em grego, antes de significar "conhecimento" e "sabedoria", designa a habilidade manual.

Ele também afirma ter o mesmo trabalho que o de sua mãe. Ela dá à luz os rebentos das mulheres, e ele, as almas. Sua "maiêutica", a arte de parir, procura sobretudo colocar as ideias à prova, não apenas expô-las à luz. Pois as parteiras de então não faziam apenas partos. Elas tinham de "colocar à prova" os bebês, especialmente

UM PASSEIO PELA ANTIGUIDADE

por meio de um banho frio, para ficar apenas com os mais bem-constituídos. A verdadeira especialidade de Sócrates é esta: ele examina ideias, crenças, convicções e, por meio de suas perguntas, procura saber se elas aguentam o ataque ou se são apenas vento.

Muitas vezes essas ideias não são senão vento. Sócrates dissipa as convicções como outras pessoas dissipam bolhas de sabão. Algumas perguntas-peteleco são feitas, e elas estouram. Por interpelar as pessoas desse modo, por colocá-las em contradição consigo mesmas — é isso que é designado como sendo sua "ironia"—, esse homem feio, nem sempre muito limpo, sem grandes meios, embora não mendigue e pareça capaz de subsidiar as próprias necessidades e as de sua família, esse pensador irritante se torna uma celebridade na cidade.

Estrangeiros de passagem lhe são apresentados. Ele às vezes aceita seus desafios, torna ridícula sua pretensão ao saber, de modo ainda mais severo quando os infelizes se vangloriam de saber muito sobre quase todos os assuntos. Sempre cercado por jovens, Sócrates torna-se um personagem de Atenas. É sem dúvida por volta de 430 a.C. que se situa a famosa resposta do oráculo de Apolo: à pergunta "Quem é o mais sábio dos homens?", ele responde "Sócrates".

Sócrates deduzirá, como todos sabem, que seu único saber é ter consciência da própria ignorância. Em todo caso, data dessa época, ao que parece, sua real conversão à vida filosófica. Ela não o impede — ou lhe permite — de ser logo paramentado com uma esposa rabugenta, Xantipa. O mau humor permanente dessa mulher talvez seja uma invenção cômica, pois o filósofo, ainda em vida, torna-se personagem de comédia. Aristófanes o ridiculariza. *As Nuvens*, peça representada em 423 a.C., mostra que Sócrates, aos 45 anos de idade, era suficientemente conhe-

DEIXAR-SE DESESTABILIZAR

cido para ser colocado em cena em uma farsa destinada a um público popular.

Essa comédia, é preciso repetir, atribui aos "intelectuais" todos os tipos de males: com o olhar perdido nas estrelas, eles ignoram as realidades, repartem o cabelo em quatro, inventam sutilezas inúteis. Além disso, duvidam dos deuses tradicionais e voltam-se para novidades estranhas. Pior ainda: são capazes de confundir o sentido de tudo. Aristófanes coloca em cena um jovem, Fidípides, que bate em seu pai, mas o convence da justiça de seus atos e da necessidade de também corrigir sua mãe!

Sócrates é, pois, uma figura negativa. Ao corromper os espíritos, ele ensina, segundo Aristófanes, como subverter as convicções habituais. Suas técnicas para "tornar forte o argumento fraco" permitem que se tenha razão mesmo quando se está errado. Dominando-as, pode-se ganhar a convicção em qualquer lugar, fazer o erro triunfar, a injustiça ou a mentira. Sócrates é um sofista — eis o que a peça insinua. Os atenienses que tiveram de julgar um Sócrates já idoso, uma geração depois, tinham visto essa comédia em sua juventude ou haviam ouvido seus pais falarem dela. Guardou-se na memória que esse estranho homem não era boa companhia.

Eles também tinham ouvido falar do "Torpedo", um dos apelidos do filósofo. Esse peixe mediterrâneo dá um choque naqueles que o tocam. Sócrates deixa estupefatos, desestabilizados, aqueles que falam com ele. Mais uma vez, a mesma face negativa: as pessoas julgam saber algo, e, ao interrogá-las, ele lhes mostra que esse saber não é senão uma ilusão. Eis que elas ficam como que paralisadas. Ele também é chamado de "mosca" ou "mutuca", inseto que acorda com sua picada o cavalo que está tirando um cochilo. O povo tem uma grande tendência a se deixar levar. Sócrates desperta-o, espeta-o, obriga-o a assumir novamente o controle.

137

Todos esses papéis são perigosos. Ninguém gosta de ficar perplexo ao se descobrir ignorante. Nenhum cavalo gosta de mutucas. Ao longo do tempo, a exasperação com o provocador e suas perguntas aumentou lenta mas irreversivelmente. Sobretudo quando a situação política de Atenas se modificou. A democracia está em crise. O belo e fogoso Alcibíades parece preparar um golpe de Estado, antes de, por fim, se colocar a serviço dos inimigos de Atenas. Em 404-403 a.C., durante alguns meses, trinta magistrados, os "Trinta Tiranos", tomaram o poder.

Em sua vida de cidadão, certamente não faltou coragem a Sócrates, mas ele não se envolveu em nenhuma luta política aberta. Apesar disso, todos se lembram de seus vínculos antigos com Alcibíades. O velho debatedor parece sempre estar do lado dos inimigos do partido democrata. Ele fustiga os defeitos da democracia, sua inclinação para a corrupção, sua tendência à demagogia. Tudo isso acaba mal: em 399 a.C., Sócrates é acusado de impiedade e de corrupção da juventude. Entre seus acusadores, que exigem a pena de morte, figura Anito, um dos líderes do partido democrata.

Em sua defesa, Sócrates não nega sua existência nem seu papel: "Até meu último sopro de vida e enquanto eu for capaz, continuarei a filosofar." Ele poderia ter tentado se conciliar com os juízes, seus próprios concidadãos, mas os provoca com tranquilidade, sem reconhecer nenhuma culpa. Ele poderia ter fugido, escolhido o exílio, aceitado que seus discípulos o ajudassem a fugir. Ele não faz nada disso. No dia em que bebe o veneno de efeito lento, a cicuta, é ele quem consola seus amigos, reconforta-os e seca suas lágrimas.

Quando seu corpo começa a ficar pesado e suas pernas entorpecem, ele continua raciocinando, refletindo. Sócrates pensa sua própria morte em voz alta, perece de modo voluntário. Ele aceitou

DEIXAR-SE DESESTABILIZAR

o veredicto da assembleia ateniense por respeito às leis, decidiu submeter-se a elas, a despeito de seu caráter injusto. À medida que palavras são trocadas, seus membros se paralisam. O frio vence. Sócrates é tomado por uma última convulsão, seu rosto se crispa, e então lhe fecham os olhos.

De certa forma, ele sai vitorioso, pois não apenas superou o medo de morrer, mas também parece ter superado a própria morte. Não é uma questão de caráter, mas de filosofia vivida. Sócrates julga ter tido razão, ao contrário daqueles que o mandaram à morte. Sem essa liberdade que ele dá a si mesmo para refletir, criticar, procurar qual vida é melhor e dedicar-se a isso, sem essa busca a que se chama filosofia, nada vale ser vivido. Sócrates realiza a seguinte proeza: morrer inteiramente vivo, permanecer até o fim sem se curvar.

Ao menos de acordo com a grande testemunha, principal vetor de nossos conhecimentos sobre Sócrates, Platão. Esse jovem aristocrata se preparava para fazer carreira na política, para tornar-se aluno dos sofistas, para ocupar cargos de poder, quando, aos 20 anos, descobre os ensinamentos de Sócrates, torna-se seu discípulo e muda de orientação. Afortunadamente, pois esse autor genial modificou o curso do pensamento ocidental.

Os primeiros diálogos de Platão provavelmente põem Sócrates em cena de um modo relativamente próximo ao que foi seu modo real de intervenção. Eles mostram sua maneira de pôr à prova as ideias dos outros, maneira essa propriamente filosófica, pois praticar a filosofia não consiste em ter ideias — todo mundo as tem — nem em saber defendê-las — todo mundo é capaz de dizer por que razões tem determinada opinião. A filosofia começa quando são examinadas as ideias que se pretende ter, quando elas são testadas para que se verifique se são sólidas. O trabalho de Sócrates é sempre o de verificar se as ideias aguentam o ataque ou não.

139

Destruição positiva

A operação não deixa de ter riscos. Se alguém está convencido de deter um conhecimento e outra pessoa lhe mostra que ele não o tem, esta última se expõe a seu ressentimento e a seu ódio. O exemplo mais simples disso é, certamente, o de Laques, general que Sócrates interroga sobre a coragem. Pode-se imaginar a cena: o velho general tem muitas campanhas em seu ativo e a sensação de conhecer bem o ofício das armas e o desenrolar das batalhas. A definição de coragem, portanto, é familiar e até mesmo evidente. Ela está incrustada nele, em virtude de sua experiência. Quando ele define a coragem como a ausência de medo, tem a convicção de produzir um saber verdadeiro.

Sócrates faz uma bela jogada quando lhe pergunta se alguém que tem medo, mas supera seus temores, que combate apesar de seu pânico, não é igualmente (ou mesmo mais) corajoso do que aquele que ignora esse temor. Laques tem de concordar e reconhece que sua primeira definição era falsa. Ele julgava saber, mas, na verdade, não sabia o que era a coragem — logo ele, o grande general! Legítima raiva, inevitável ressentimento.

Esse exemplo elementar esclarece o método de Sócrates. Naturalmente, torna-se mais complicado com interlocutores mais sofisticados, mas o princípio permanece idêntico: colocar à prova os pretensos conhecimentos, dissipar ilusões de saber. Essa forma de destruição não tem necessariamente uma contrapartida positiva. Sócrates nem sempre substitui as pseudocertezas que ele destrói por uma verdade. Às vezes ele oscila sem restabelecer o equilíbrio, deixa a dúvida aberta.

Uma das principais características de vários dos primeiros diálogos de Platão é o fato de não haver solução. Examina-se uma questão — por exemplo, no *Mênon*, se a virtude pode ser ensinada —, Sócrates desmonta várias respostas não satisfatórias e, por fim, deixa seu auditório sem solução. Se esta existir, permanecerá desconhecida. Esses diálogos terminam em um impasse. O grego diz "aporia", termo-chave dos céticos ("sem saída", de *poros*, "saída", precedido pelo prefixo de negação *a*). Esses diálogos são considerados "aporéticos", desprovidos de resultado.

Não há dúvida de que eles estão mais próximos do modo autêntico de Sócrates do que os grandes diálogos posteriores em que ele também está presente. Mas Sócrates se torna um porta-voz de Platão. Sob o mesmo nome não estão o mesmo discurso nem a mesma postura. A elaboração de um sistema fica à frente da desestabilização sem saída. Platão se afasta pouco a pouco daquele que foi seu mestre. Ele não pode ser apenas uma testemunha: essa é a sina dos gênios. Ele passa, pois, a falar no lugar de Sócrates, sob sua máscara.

Essa substituição não me parece desprovida de consequências políticas diretas. Naquilo que se pode entrever do Sócrates real, o gesto de destruir as convicções tem como resultado remeter o interlocutor às decisões da pólis. A questão poderia ser formulada do seguinte modo: "Você não tem certezas, nenhum de nós as tem. Iremos, pois, decidir, todos juntos, o que decretamos ser justo, injusto, legal, ilegal..." Por outro lado, quando emergem em Platão o mundo das ideias, as verdades eternas, o filósofo-rei que trabalha a massa humana de acordo com seus modelos, a questão se enunciaria do seguinte modo: "Você contemplou o Uno-Bem-Belo, você irá governar de acordo com esse conhecimento absoluto, e, desse modo, a ordem do mundo será restabelecida e mantida..." Evidentemente, não é de modo algum a mesma configuração!

141

Um Passeio pela Antiguidade

O *perturbador radical*

NOME   Diógenes, nascido por volta de 413 a.C. em Sínope
LOCAL   Atenas
LEITURA   O que Diógenes Laércio o faz dizer
EM RAZÃO DE   Seu senso do excesso e da provocação

"Um Sócrates louco" é a expressão atribuída a Platão sobre Diógenes. Ele não se poupa de exprimir sua hostilidade em relação a Diógenes, que lhe devolve na mesma moeda. De fato, com a figura de Diógenes, surge a radicalização da perturbação socrática. Como ela se manifesta? Essa loucura é real ou suposta?

Em primeiro lugar, ela é uma forma de exagero. Enquanto Sócrates era uma mutuca, um inseto que picava o povo ateniense para acordá-lo, recordá-lo dos valores da justiça e da necessidade de levar em consideração a verdade, Diógenes ridiculariza esses valores, destrói o respeito, prefere a provocação à argumentação. Enquanto Sócrates manifestava um desprendimento em relação aos objetos (em um mercado, ao olhar os mostruários, ele teria dito: "Tantas coisas de que não preciso!"), Diógenes opõe uma recusa fanática a todos os utensílios, a todas as roupas, a todas as invenções da civilização. Uma criança usa as próprias mãos para beber? Diógenes quebra sua última tigela.

Esse excêntrico dorme em qualquer lugar sob o pretexto de que toda a terra é sua casa. Ele nunca se deixa impressionar — nem pelos ricos, nem pelos poderosos, nem sequer pelos deuses. Na casa de um rico, onde tudo parece imaculado, ele é proibido de cuspir. Diógenes cospe no rosto do proprietário, dizendo que escolheu o único lugar sujo. Portando um casaco de lã grossa dobrado em dois, sempre o mesmo, tanto no verão quanto no inverno, ele enche sua sacola com qualquer comida que consegue

DEIXAR-SE DESESTABILIZAR

encontrar, sem se incomodar em passar a mão nas oferendas dos templos. Os atenienses criaram o hábito de observar esse cão, pois é assim que eles o chamam, perambular, sempre descalço, seja qual for a estação do ano, e rolar na areia ardente nos dias de calor e chafurdar no frio da neve, para se endurecer, para "se exercitar", como ele mesmo dizia.

O que lhe traz respeito na cidade é que Diógenes vive justamente de acordo com seu pensamento. Ele não finge. É dos que fazem seus gestos corresponderem a suas frases. Um filósofo em ato, não alguém que apenas fala. Ainda menos um belo espírito que faz a cada instante o contrário do que diz. Ele escreveu, no entanto, sobre assuntos muito variados, tratados políticos e livros de moral. Mas sua vida, no dia a dia, fala mais ainda sobre suas ideias. Quase ninguém leu suas obras, mas todos veem como se comporta. Ele ensina pelo gesto e pelo exemplo.

Naturalmente, ele choca. É o primeiro a praticar esse modo de vida denominado "cínico", justamente por causa dos cães (*kunos*, em grego, significa "cão"). Sem querer imitá-lo, aqueles que o encontram não estão longe, às vezes, de lhe dar razão. Quando Diógenes trata Platão de "incansável tagarela", muitos atenienses compartilham sua opinião. Quando ele se autoproclama campeão olímpico na "categoria homens", alguns concordam em segredo.

"Falsificar moeda" é sua fórmula-chave. Ele próprio ou seu pai ou ambos supostamente traficaram peças de moeda de Sínope, sua cidade, e foram exilados quando o estratagema foi descoberto. Diógenes, entretanto, julgava agir bem. Ele consultara o oráculo de Apolo outrora, a respeito de seu destino. A resposta: falsificar moeda. Ora, o oráculo de Apolo não poderia se enganar, todos sabem, mesmo aqueles que mantêm com os deuses relações tão distantes quanto a dele. Onde, então, estava o erro?

143

Mais tarde, já filósofo, Diógenes entendeu. As moedas a serem falsificadas não eram as peças de moeda! Eram as convenções sociais, os valores comuns, o conjunto das conveniências. O sábio vê a falsidade de todas aquelas coisas que os humanos estimam tanto — honras, poderes, riquezas, saberes e até prazeres —, e cabe a ele torná-la evidente. O que agita a humanidade — desejo, orgulho, temor, tristeza, prazer — são coisas falsas, peças sem valor. Elas circulam, passam por importantes, mobilizam e fazem sofrer, mas são apenas vento.

O segredo é: viver "segundo a natureza". O ser humano que consegue encontrá-la e segui-la viverá feliz, livre dos artifícios e dos males gerados pela civilização. Diógenes se condiciona sistematicamente, portanto, a se livrar das convenções da vida social. Aos seus olhos, elas não são apenas engodos ou obstruções. São armadilhas, ligações que se tornam nefastas.

O Cão vai muito longe nessa falsificação dos valores comuns. Não se limita à rejeição das honras e ao desprezo pelo poder. Ele ataca diretamente as leis, a pólis, toda encarnação da autoridade. Desprezando o imperador Alexandre, o filósofo se proclama, sem dúvida pela primeira vez na história, "cidadão do mundo". A religião não é poupada. Quando uma mulher se prostra para orar, olhando para seu traseiro exposto, o sábio, possesso, pergunta se ela não teme que um deus chegue por trás, pois eles estão em todos os lugares...

Isso tampouco basta. A instrução é descartada. Apenas a virtude convém ao sábio. Ele não tem o que fazer com as artes nem com as ciências. Mesmo aprender a ler é inútil. Inútil casar-se. Inútil vincular-se. Inútil esconder-se para copular. Diógenes não é o homem dos compromissos. Nenhuma conciliação, nenhuma aproximação. Ele é um extremista da virtude, um hércules da coerência.

Deixar-se Desestabilizar

Caso se queira viver de acordo com a natureza, convém seguir o modelo dos animais. Diógenes preconiza que as mulheres pertençam a todos, que as crianças sejam comuns, que não haja preocupação com o incesto. Esse homem escolheu a recusa, a grande solidão da liberdade total. Diógenes simboliza a existência na contracorrente, tanto com sua grandeza quanto com seus limites. Seu desprezo pelo rebanho e sua exigência de coerência podem suscitar admiração. Desse modo, pode-se pensar que tanta ostentação na simplicidade indica um imenso orgulho.

O homem do barril inventou a rejeição da civilização. Essa atitude não cessará, depois dele, de atravessar a história ocidental sob formas muito diferentes, desde os ascetas do começo do cristianismo até a *beat generation*. Com vantagens: denúncia da hipocrisia, coragem da virtude. Mas também com seus perigos: a rejeição da lei pode desumanizar, o sonho de animalidade pode resultar na barbárie.

Para compreender Diógenes, Michel Foucault retoma a noção grega de *parresia*. O termo, de difícil tradução, designa especialmente o falar franco do amigo, o dizer a verdade do confidente, por oposição à adulação do hipócrita ou do cortesão. A *parresia* implica a coragem de dizer tudo, com o risco de desagradar e até de aborrecer. Essa franqueza ousada, que se aplica à condução da existência mais íntima, também tem uma importante dimensão política: dizer a verdade sobre si mesmo, aceitar ouvir o que não é agradável, é algo que diz respeito, para os gregos, tanto ao governo da comunidade quanto do indivíduo. O sujeito e a pólis constituem-se, portanto, articulando de modo parecido a exigência de verdade, poder sobre si mesmo e poder sobre os outros.

Os cínicos se inscrevem na linha direta dessa tradição. Então, por que eles são tão malvistos? Eles se alicerçam no tronco comum das ambições filosóficas do mundo antigo. Filosoficamente, seus objetivos são consensuais. Transformar sua existência pela filosofia, ocupar-se de si mesmo para conseguir isso, abandonar tudo o que se mostra inútil, procurar tornar a vida conforme aos próprios pensamentos — todos, tanto na Grécia quanto em Roma, estão de acordo sobre esses quesitos. Mais uma vez: o que fazem, então, os cínicos de tão estranho, de tão inaceitável, para merecer o opróbrio quando perseguem os mesmos fins que todos os filósofos, em sua época, compartilham?

O cínico opera uma passagem para o limite. Ao perseguir radicalmente, até o fim, o movimento da vida filosófica, ele inverte seu sentido. Mostra que a "verdadeira vida", a vida segundo a verdade, não existe senão ao preço da subversão dos costumes que nos despistam. Eis o feito que criou o escândalo: fazer entrar em conflito, aos olhos de todos, princípios unanimemente compartilhados e sua aplicação prática. Estamos todos de acordo a respeito dos princípios. Mas praticamos o contrário. Os cínicos executam, ponto a ponto, aquilo que aprovamos e... isso é inaceitável! Sem mudar nada dos fins habituais da filosofia, eles evidenciam o quanto é preciso, para atingi-los, quebrar as regras e desmonetizar as convenções sociais.

Essa é uma mudança capital na história do Ocidente. Logo de saída, com efeito, a "vida filosófica", a "verdadeira vida" (reta, perfeita, soberana, virtuosa), é transformada em uma "vida outra" (pobre, suja, feia, desonrada, humilhada, animal). Até a função soberana do filósofo é radicalmente metamorfoseada, a ponto de se tornar caricatural. O cínico é o único rei verdadeiro, que não precisa de nada nem de ninguém para manifestar seu poder. Mas esse rei é insignificante — nu, sujo e feio.

Qual é sua função suprema? Exercitar um falar franco sobre todo o gênero humano. Por isso ele late, ataca e morde. Em guerra contra a humanidade em seu conjunto, com o propósito de dizer a

Deixar-se Desestabilizar

verdade (a *parresia*), o cínico luta contra si tanto quanto contra todos os outros. Esse mendigo cósmico inventa o seguinte: alcançar a verdadeira vida implica virar o mundo de pernas para o ar, implica a ruptura radical com o que é dado. Missionário da verdade, o herói cínico age visando ao surgimento de um mundo novo.

Que lições?

Há para nós, hoje, numerosos ensinamentos a serem extraídos do gesto de desestabilização praticado continuamente por Sócrates e por Diógenes, cada um de acordo com seu estilo. O primeiro ensinamento, em minha opinião, diz respeito à ignorância. Sócrates, ao desmontar os saberes frágeis, ao repetir que sabe apenas não saber nada, constitui-se como guardião da ignorância. Essa é, para nós, uma postura preciosa, tanto no registro individual quanto no coletivo e político. É preciso repetir sempre: em um mundo em que proliferam os especialistas, em que cada um se vangloria por dominar uma competência indiscutível e por resolver as questões mais complexas em algumas declarações, Sócrates recorda os limites de nossos saberes, as zonas sombrias que permanecem sobre as interrogações mais importantes. Negativo, com certeza, mas para libertar a mente.

Segundo ensinamento: esse gesto sempre tem de ser recomeçado, o esforço é contínuo, deve-se reinventar regularmente a postura do estraga-prazeres. Isso ocorreu em cada ponto de inflexão da história europeia. Do Renascimento ao século XIX, de Erasmo a Nietzsche, o Ocidente viu surgir, cada vez que as evidências precisaram ser remodeladas, uma nova silhueta de Sócrates. Evidentemente, é preciso que ele volte ao trabalho, hoje, em virtude da crise e da perda de referências.

147

Terceiro ensinamento: nem Sócrates nem Diógenes são portadores de novas verdades. Sua tarefa é antes a de fazer experimentar o quanto a verdade está em falta. Suas particularidades: a *aporia*, o impasse, a falta de saída, a ausência de soluções. Em vez de buscadores de saber, eles seriam experimentadores de ignorância, mestres em não saber. Isso foi recentemente ressaltado por François Roustang a respeito de Sócrates; enfatizou-se o que pode haver de tônico nesse gesto que parece ser unicamente negativo: é ao experimentar que não se sabe nada que somos levados a viver, jogados na ação para descobrir que tudo se decide durante a caminhada.

Quarta possibilidade: esses perturbadores dedicados a desestabilizar são como grãos de areia que enguiçam as máquinas de fabricar euforia. A paz se instala? A democracia triunfa? A humanidade se desenvolve? Reina o conforto? Eles virão para nos lembrar que a guerra está próxima, que a democracia é frágil, que a humanidade é mortal, que o caos é possível. Como disse André Glucksmann, essas cassandras úteis redizem sem descontinuar o que se prefere não ouvir: o mal existe, perigos e crises nunca desaparecem, continua existindo tragédia mesmo durante o progresso.

Essas pessoas não abdicam, permanecem sem se curvar, persistem em denunciar os erros, em nos colocar frente a frente com nossas ignorâncias, em desfazer nossas ilusões, em mostrar nossas confusões. Por isso devemos fazê-las reviver e reinventá-las. Ninguém gosta delas? Isso é normal: viver acomodado é muito mais simples.

O último ensinamento, em minha opinião, é não se esquecer de voltar suas advertências contra eles próprios. Nada é mais fácil que instalar-se nas certezas da ignorância, no conforto da desestabilização incessante, no tranquilo ofício de ser um Sócrates de

DEIXAR-SE DESESTABILIZAR

socorro ou um rebelde em exercício. Assim que se torna uma postura sistemática, ação previsível, revolta fixada na repetição, a força criadora dos desestabilizadores se anula. Em vez de abrir o horizonte, eles o fecham. Em vez da incerta democracia, eles fazem a cama dos totalitarismos.

8

Falar para convencer

Demóstenes, Cícero

Saturados de imagens, faltam-nos palavras. Especialmente falas políticas. Nesse domínio, nós nos acostumamos às frases curtas, aos slogans, às fórmulas prontas. Os grandes discursos, destinados a ganhar a opinião, tornaram-se estranhos para nós. Entretanto, durante muito tempo, a democracia se alimentou dessas longas falas, controladas e construídas, que se confrontavam com outras, da mesma natureza, para expor ao povo reunido a melhor saída para uma crise em curso. Elas parecem pertencer ao passado.

Uma razão a mais para descobri-las, para reencontrar essa forma singular de governança que os grandes oradores encarnaram. Eles não são desestabilizadores como Sócrates ou como Diógenes. Eles parecem até mesmo seus antípodas. Quando sacodem o auditório, incitam-no a despertar, exortam-no a deixar a facilidade do deixar ir e do deixar fazer, é sempre em nome de valores positivos: honra da pátria, independência da nação, integridade dos costumes, austeridade dos ancestrais... Todas essas virtudes não nos tocam mais,

UM PASSEIO PELA ANTIGUIDADE

ou até mesmo nos fazem sorrir. Mas, para os oradores políticos da Antiguidade, elas são pontos de apoio essenciais.

Seu trabalho, no fim das contas, consiste em lutar contra o declínio. Eles reacendem as chamas quando todos fogem. Eles defendem a integridade contra a corrupção, a memória dos começos contra a usura dos regimes. Para represar a maré de abatimento e de renúncia, tudo lhes parece bom — da emoção à análise, da lembrança à insinuação, da ironia à raiva. Eles nos falam de uma época em que a política era uma questão de palavras.

O atleta dos discursos de defesa

NOME	Demóstenes, nascido por volta de 384 a.C. em Atenas
LOCAL	Atenas
LEITURA	*Filípicas*
EM RAZÃO DA	Intransigência e da prosa

A lenda se apoderou muito cedo da vida de Demóstenes. Ele foi sem dúvida o primeiro grande modelo desse perfil, muitas vezes repetido na história ocidental e praticamente desaparecido agora: um jovem de boa condição, não pertencente às grandes castas aristocráticas, cria seu próprio caminho graças aos seus talentos de advogado, consegue amealhar uma boa fortuna ao falar para convencer, acaba por encarnar uma autoridade moral e política que fazem com que tenha influência sobre as grandes decisões políticas de seu país.

Filho de um fabricante de armas, Demóstenes poderia ter sido rico se seu pai não tivesse falecido quando ele tinha 7 anos de idade. Seus tutores deixaram ir à falência o negócio da família, que era dos mais prósperos, e o jovem acabou recebendo apenas uma

152

Falar para Convencer

pequena parte de sua herança. Ao tentar fazer valer seus direitos, ao processar seus tutores, negligentes ou inaptos, ele começou a descobrir as sutilezas das leis e as regras da retórica.

Ele sem dúvida tinha talento para elaborar um discurso e construir uma argumentação cativante. Mas também soube impor a si mesmo uma disciplina de ferro. Ele entendeu, com efeito, que o ofício de orador também é uma questão de voz que se projeta, de pronúncia clara e nítida, de respiração, de gestos feitos no momento adequado. Ora, tudo isso tem de ser exercitado e aperfeiçoado. Reais ou lendárias, há muitas anedotas sobre os treinos de Demóstenes.

Ele se exercita falando na praia em dias de tempestade, para cobrir com sua voz o ruído das ondas. Ele enche a boca de cascalho para se obrigar a articular as palavras claramente. Diz-se ainda que ele sobe colinas prendendo a respiração, que ele se fecha durante semanas em um porão com um espelho para trabalhar a gesticulação. Embora seja impossível separar o verdadeiro do falso, o sentido disso é evidente: convencer uma assembleia exige treinamento físico.

O orador não é apenas jurista, político, psicólogo, lógico. Não são apenas os argumentos que devem ser considerados. A força das provas e a coerência dos encadeamentos são uma coisa. Outra, que também é essencial, é constituída do som de sua voz, das rupturas de tom. Acrescentam-se a isso os efeitos de surpresa, a presença do corpo. Aquele que fala para convencer também é um ator. Deve representar as ideias para torná-las eficazes.

Não entrarei aqui nos intermináveis debates sobre a retórica e seus artifícios em relação à verdade racionalmente estabelecida. Entre a convicção superficial, baseada em aparências e astúcias, e o resultado metodicamente estabelecido, baseado em um exame filosófico rigoroso, há uma oposição que é tão antiga quanto Platão. Deixo de lado também os meandros da política ateniense da época

153

de Demóstenes. Avaliar seu papel, compreender os detalhes de seus posicionamentos, às vezes julgados excessivamente voluntaristas, exige longas e fastidiosas explicações.

O que me interessa é apenas uma coisa: a relação entre esses longos discursos e a democracia ateniense. Não se tem em mente que, na maior parte das vezes, essas exposições argumentadas e as instituições democráticas são consubstanciais. Isso foi explicado muito claramente por Nicole Loraux. Reproduzo seus argumentos, pois eles indicam com exatidão a relação entre os discursos longos e a democracia.

> Evidentemente, a democracia direta é um regime da tomada da palavra. Mas não é o diálogo que é valorizado. É no "discurso longo" que os gregos veem a fala propriamente democrática. Na Assembleia, quando os cidadãos atenienses hesitam entre várias decisões possíveis, cada proposta de ação é apresentada sob a forma de um discurso que leva um tempo para percorrer todas as etapas do raciocínio e todos os pontos de uma argumentação. O ouvinte não tem de apreender uma mensagem cifrada, não tem de decodificar um enigma: tudo lhe é exposto passo a passo. Desse modo, o cidadão é capaz de fazer sua escolha com conhecimento de causa, depois de ouvir, ponderar e comparar discursos opostos. A escolha entre as posições defendidas por cada um desses discursos depende da decisão singular de cada cidadão em seu voto.
>
> Não se trata de um diálogo. Os oradores não discutem entre si. Evidentemente, os discursos podem responder uns aos outros, e muitas vezes eles se opõem termo a termo. Contudo, sempre são dirigidos à Assembleia, e é a ela que eles procuram convencer. Cada um dos dois discursos se dirige abertamente a esse terceiro constituído pela Assembleia. Eles não procuram convencer um ao outro, mas sim a seu ouvinte comum. No fim desse enfrentamento público, a multidão decide. Esse é o dispositivo da democracia ateniense.

FALAR PARA CONVENCER

O diálogo, pelo contrário, é para os gregos um gênero aristocrático. Ele procede por unidades curtas, ele "fala curto". E, sobretudo, ele ocorre entre dois parceiros e não é destinado a terceiros. Desse modo, diz-se no *Górgias* de Platão que Sócrates rejeita se comportar como um homem político, ter um auditório, porque ele quer apenas convencer uma pessoa de cada vez, a que estiver diante dele.

O mestre abandonado

NOME	Cícero, nascido em 108 a.C. em Arpinum
LOCAL	Roma
LEITURAS	Seus grandes discursos, *A República*, os tratados filosóficos
EM RAZÃO DE	Velho estilo

Cícero caiu atualmente na mais completa desgraça. No entanto, ele conheceu uma incomparável notoriedade durante séculos. Advogado modelo, político-moralista, filósofo-pedagogo, ele não era lido apenas por causa do classicismo de sua prosa e da pungência de seus discursos. Ele era vetor de cultura, transmissor do pensamento grego para o mundo latino, exemplo de saber humanista e de integridade política. Por causa disso gerações e gerações traduziram, admiraram e imitaram esse autor. Ele pertencia ao fundo comum do que tinha de ser conhecido.

"Grão-de-bico" (é isso que *cicero* significa — seu avô cultivava grão-de-bico, e por isso Cícero recebera esse sobrenome) nasceu em um meio abastado. Mas ele sempre será considerado pelos romanos alguém da província: ele não nasceu, tampouco foi criado em Roma. Chegando tardiamente à cidade, ele conheceu, ainda em vida, uma grande glória.

Extraordinariamente dotado para compor discursos e organizar defesas, sem rival para convencer um auditório no tribunal ou em uma assembleia política, ele encarnou as virtudes da antiga

155

república romana, o respeito às leis e à moralidade pública em uma época na qual esses costumes começavam a entrar em crise. Com Catilina, Sula, César e Pompeu, crescem figuras de homens fortes, posteriormente ditadores. Eles transformarão de modo relativamente rápido a antiga república em um regime imperial.

Nessa época de mudanças, Cícero encarna a resistência, a nostalgia das virtudes e da austeridade. Ele também foi, e isso durante séculos, aquele que permitiu compreender as principais ideias filosóficas dos gregos. Muitas vezes foi por meio dele que se pôde saber em que consistiam as escolas de pensamento dos estoicos, dos epicuristas, dos discípulos de Aristóteles e dos céticos. Todos são claramente apresentados em suas obras. Ele procura passar do mundo grego para o mundo romano as ideias e os termos. Cícero fornece um importante trabalho de tradução para permitir a passagem das noções essenciais de uma língua para a outra. Ele adapta para o latim, encontrando-lhes equivalentes, os principais termos técnicos dos filósofos gregos.

Esse autor foi considerado modelo tanto de arte oratória, quanto de virtude política e de vulgarização filosófica. Teórico das instituições romanas, pedagogo de grande envergadura, personagem histórico, grande advogado que fez fortuna com os honorários de defesas cada vez mais rebuscadas, Cícero esteve no âmago das humanidades. Na história da cultura clássica, poucos autores foram tão lidos. Até o século XIX, não havia um médico, um notário, um farmacêutico ou um notável que não tivesse em sua biblioteca as obras de Cícero. Os colegiais sempre faziam versões de Cícero, aprendiam de cor fragmentos de seus discursos.

Hoje, parece que quase ninguém o lê, salvo alguns historiadores da latinidade. As vendas das versões de bolso de seus livros estão entre as piores. Platão, Sêneca e muitos outros autores an-

FALAR PARA CONVENCER

tigos encontram novos leitores. Cícero não. Ele constitui o melhor exemplo da deliquescência de certa cultura clássica. Desse modo, grandes autores da Antiguidade, que foram durante séculos transmissores de valores e de conhecimento de uma geração para outra, foram deixados de lado.

As razões para esse desinteresse? Sem dúvida perdemos o hábito de recorrer ao filtro latino para ter acesso às obras gregas. O declínio do interesse pelos tratados "filosóficos" de Cícero — como o *De officiis*, o *De finibus*, o *De fato* — está ligado ao fato de que podemos ter acesso, de modo mais direto e fácil, às próprias fontes gregas. Entretanto, essa é uma explicação muito parcial.

A verdadeira notoriedade de Cícero, sua incontestável glória, era política e retórica. Justamente nesse ponto é preciso indagar quais as razões de seu desaparecimento do ambiente educativo. Deve-se perguntar o que Cícero encarnava para a posteridade. O modelo é simples: o advogado que se tornou político, capaz de mudar a opinião de uma assembleia por meio da força persuasiva de seus discursos. Esse modelo durou séculos. No entanto, ele não é mais atual.

Cícero foi admirado enquanto o modelo de orador político que ele encarnava continuou a ser eficaz. Os homens da Revolução Francesa veem-se como oradores desse tipo: explicam e justificam diante do auditório a decisão a ser tomada, a direção política a ser seguida. No século XIX, as assembleias parlamentares das democracias representativas e as justiças públicas ainda são organizadas segundo esse mesmo modelo. Victor Hugo dirigindo-se ao Senado na III República, Jaurès falando na Assembleia, Léon Blum também — e muitos outros, tanto de direita quanto de esquerda — encarnaram, até meados do século XX, esse ideal da eloquência política e da persuasão.

157

O sumiço de Cícero e a pouca leitura de suas obras estão diretamente ligados à mudança de estatuto dos políticos e da fala política em nossas sociedades. Rádio, televisão e internet transformaram o discurso político em comunicação. Os enfrentamentos não ocorrem mais sob a forma de discursos organizados, mas por meio de imagens — fotografias, filmes, perfis e frases curtas.

Quando Jaurès, Clemenceau, Blum e outros subiam à tribuna da Assembleia, o mundo de Cícero tinha sentido. Ele não é apenas um mundo em que os advogados podem fazer fortuna — algo que acontece ainda hoje. É um mundo em que a fala política é construída, argumentada, encenada, desenvolvida, exposta, oferecida à compreensão, ao poder de convencer, à possibilidade de objetar. Isso não ocorre mais.

Que lições?

Cícero não entedia mais ninguém, Demóstenes tampouco. Não há mais versão latina ou tarefa de grego no horizonte. Maior é o risco, portanto, de que sobre eles recaia essa desgraça com que são castigados os autores escolares, que são deixados de lado em razão do aborrecimento que provocaram em sala de aula. Justamente por isso, é chegado o momento de voltar a visitá-los, como nos aventuramos em locais exóticos, estranhos, para uma mudança de paisagem. Pensem, pois! Oradores... que tribo curiosa!

Pessoas que tratam da política com frases bem-formadas, planos construídos, argumentos, posições claras.

Intelectuais que também são artistas, autores-compositores-intérpretes de discursos em que são tratadas questões como nação, virtude, honra, independência e liberdade.

FALAR PARA CONVENCER

Pensadores-atores que falam de maneira humana para outros humanos, considerados capazes de pensar, de compreender, de julgar, de estar em acordo ou em desacordo com eles, e que também poderiam explicar por quê, em razão de que argumentos.

Homens de Estado que não desprezam seu auditório, que respeitam seus adversários, que se expõem ao contraditório, ao julgamento público, ao tribunal da razão.

Não é isso que nos falta hoje?

V

MORRER EM PAZ

"Quem não teme a morte não teme as ameaças."
CORNEILLE, *Cid*, ato II, cena 1

Nossos costumes atuais são negligentes em relação à morte. Rara-mente pensamos nela e, quando pensamos, o fazemos de modo vago, preferindo mudar rapidamente de assunto para nos ocuparmos com outra coisa.

Os homens da Antiguidade faziam exatamente o contrário. Eles souberam dedicar à morte uma atenção constante, diversa, aguda, tão exata e precisa quanto era possível. Eles se esforçavam para gravá-la em seus espíritos e para extrair dela todas as consequências.

Eles jamais teriam conseguido fazer isso sem meditar sobre a questão do tempo, sobre os valores do instante e da duração, sobre as relações entre a plenitude de um momento e a sucessão dos dias e dos anos.

Fazemos isso cada vez menos. Dominados pelo segundo atual, e depois pelo seguinte, e ainda pelo seguinte, atordoados pela sucessão de novidades a cada hora, logo substituídas por outras, perdemos de vista o escalonamento das épocas, das gerações, dos séculos.

Perdemos o tempo, na verdade. Supostamente deveríamos ganhar tempo — através de máquinas e racionalizações de todo tipo —, mas,

Um Passeio pela Antiguidade

em vez disso, não apenas nos falta tempo, como, mais grave ainda, não percebemos o tempo. Evitamos o pensamento dessa relação necessária, assim como fugimos do pensamento da relação com a morte. Evidentemente, esse é um único e mesmo gesto. Mas nem sempre somos capazes de perceber isso.

Ler os Antigos nos faz perceber isso imediatamente. É o mesmo combate que há entre os historiadores que enfrentam o tempo que foge e os filósofos que supostamente devem aprender a morrer.

9

Saber o preço do tempo

Heródoto, Tucídides

Certamente não nos faltam historiadores. Tampouco livros de história. As livrarias estão repletas deles, e os leitores querem mais. Mas essa febre também é um sintoma, um dos sinais compensatórios de uma estranha doença que se apoderou das sociedades pós-industriais. "Presentismo" para alguns, "curto-prazismo" para outros, essa patologia se caracteriza pela perda das perspectivas temporais. Tudo ocorre agora. Tanto o passado quanto o futuro passam a significar pouco.

O que se dissolveu? A convicção de ser herdeiro dos séculos anteriores, o dever de transmitir para as gerações seguintes. Tudo isso desapareceu misteriosamente. Vimos, em pouco tempo, o apagamento da antiga e banal consciência de estarmos situados em um dado momento do desfile dos séculos — dependendo daqueles que nos precederam e responsáveis, em grande parte, por aqueles que virão. Não é nosso objetivo aqui diagnosticar as causas desse vasto fenômeno, que por si só exigiria outro livro.

Entretanto, a companhia dos Antigos pode temperar essas disfunções. Efetivamente, com os gregos e os romanos inventam-se a história, o trabalho dos historiadores, o sentido de um relato dos fatos memoráveis, que se considera importante reunir e inscrever para legar à posteridade. Não há dúvida de que os grandes historiadores gregos (Heródoto, Tucídides) e romanos (Tito Lívio, Tácito) não fazem exatamente o mesmo tipo de trabalho que nossos modernos historiadores. Seus objetos e métodos diferem entre si. Mas as intenções e as perspectivas de conjunto são suficientemente próximas para que seja possível pensar que os pontos comuns predominam.

Curioso em relação aos outros

NOME	Heródoto, nascido por volta de 484 a.C. em Halicarnasso
LOCAL	A viagem
LEITURA	*Histórias*
EM RAZÃO DE	Seu gosto pelos outros

Que é a "invenção da história"? Heródoto publica uma *historia* — o termo significa tanto "investigação", "pesquisa" quanto "história". Sua principal intenção: colocar em perspectiva as guerras médicas, que ele tem sob os olhos e que opõem, durante muitos anos, gregos e persas. Heródoto tem o projeto de desenhar o pano de fundo dessa conjuntura. Ele quer compreender de que maneira essas longas guerras — decisivas para a sobrevivência dos gregos e para a construção de sua identidade — foram preparadas pelas épocas anteriores. Remontando ao passado tanto dos gregos quanto dos persas, esclarecendo fatos, modos de viver e de pensar, Heródoto não pretende apenas descrever os acontecimentos. Ele quer, além disso, compreender suas causas, discernir sua lógica interna, remontar o fio daquilo que produziu esse resultado que todos podem observar.

Saber o Preço do Tempo

Convém, pois, deslocar a invenção da história para a conquista, feita pelo pensamento grego, da objetividade. Ela foi elaborada em domínios diferentes do da história: física, astronomia, geografia, observação dos fenômenos meteorológicos, ciências naturais e até, de certo ponto de vista, no pensamento filosófico propriamente dito. Em todos esses registros há um mesmo gesto: sair do mito, passar do mito para a razão, deixar uma palavra poética e afirmativa para construir um saber lógico e coerente, verificável por cada pessoa de modo efetivo.

Do lado do mito reina o relato das origens, o nascimento lendário do povo grego, os grandes fatos em que se enfrentam e sustentam, em combates excitantes e aterrorizantes, deuses e heróis, homens extraordinários, superpoderosos, semideuses, envoltos em uma aura de glória e mistério.

Do lado do *lógos*, da racionalidade, o historiador perguntará se o que se diz é verdadeiro, se o que é contado por determinado relato é imaginário ou real. Um dos primeiros critérios dessa objetividade histórica é a verossimilhança. Heródoto e, depois dele, todos os historiadores da Antiguidade se perguntam se os materiais de que dispõem — narrativas coletadas, relatos, lendas locais — são ou não são dignos de fé. Fazer a triagem e estabelecer as verossimilhanças são as primeiras tarefas da racionalidade histórica.

Isso anda lado a lado com a atenção dedicada ao outro. Heródoto é movido por um desejo permanente de descoberta. Ele quer saber como os povos vivem, quais são seus costumes, suas crenças, seus modos de se vestir, de se alimentar, de cultuar suas divindades particulares, de viajar ou de guerrear. O que o apaixona é o que ele pode ver dos egípcios, aprender da Índia, ouvir dizer dos persas ou dos citas.

Naturalmente, o nascimento da história se confunde aqui com o da etnologia e da antropologia. Heródoto é o primeiro a tentar definir as especificidades dos outros e a identidade dos gregos. Ele se dedica a isso com intensa curiosidade, com uma espécie de apetite insaciável. Plutarco julgará que ele é "barbarófilo", suspeitando que ele aprecia demais os bárbaros. Qualificação polêmica, evidentemente, pois Heródoto não prefere os bárbaros. Ele se contenta em raramente desprezar os povos estrangeiros. Ele admira especialmente os egípcios por seus conhecimentos, pelo poder de seu saber, pela antiguidade de sua ciência e de sua religião.

Mas trata-se menos de amor ou de amizade do que de curiosidade, o que é algo muito diferente. Essa vontade de saber conduz Heródoto a recolher informações e a classificá-las para fornecer aos gregos muitos detalhes que eles desconheciam, antes dele, sobre os povos que os cercam. Contudo, ao mesmo tempo, ele vê o outro através do filtro de esquemas gregos. Desse modo, no livro III de suas *Histórias* (§§ 80-82) ele descreve uma deliberação que supostamente ocorreu entre os persas para determinar o melhor regime político.

Uma discussão desse tipo é muito surpreendente — e ele próprio enfatiza isso —, pois reproduz, em terras bárbaras, um debate grego dos mais clássicos. Acredita-se que a discussão opõe três personagens: Otanes defende a democracia; Megabizo, a oligarquia; Dario, a monarquia. Ao atribuir aos persas essa confrontação e sobretudo a presença de um defensor do governo democrático, Heródoto parece ser realmente muito generoso.

Seus contemporâneos imaginam os persas como submetidos à vontade imperial, como "escravos de um só", justamente o contrário da igualdade que a democracia faz reinar entre os cidadãos. Atribuir-lhes essa discussão é tornar os persas iguais aos gregos, ao menos do ponto de vista do discernimento dos regimes políticos possíveis.

SABER O PREÇO DO TEMPO

Essa generosidade aparente pode ser lida em sentido contrário: trata-se, por parte de Heródoto, de uma pura e simples projeção. Com efeito, ao emprestar ao outro as próprias concepções, ele quer desfazer os preconceitos relativos a ele. Para escolher a forma monárquica pela qual são governados, é preciso que os persas tenham uma discussão parecida com a que pode haver entre os filósofos gregos! A atenção dedicada ao outro, aqui, é menos uma descoberta efetiva de sua alteridade do que uma assimilação.

A obsessão pela posteridade

NOME	Tucídides, nascido por volta de 460 a.C., próximo a Atenas
LOCAL	Atenas
LEITURA	*A Guerra do Peloponeso*
EM RAZÃO DE	Seu senso político

Em *A Guerra do Peloponeso*, Tucídides também tem como objetivo compreender as causas do conflito e as molas de seu desenvolvimento. Ele pretende até mesmo evidenciar os aspectos econômicos, políticos, sociais e psicológicos das múltiplas peripécias dessa grande engrenagem. No entanto, embora esses termos correspondam aos nossos, eles não devem nos fazer acreditar, apressadamente, que Tucídides seja um historiador de nossa época.

Uma notável diferença reside na reconstrução das narrativas e dos discursos que os protagonistas supostamente pronunciaram. Tucídides, como a maior parte dos historiadores da Antiguidade, é escritor antes de ser arquivista. Sua preocupação não é com a verdade factual, mas sim com a eloquência e frases bem-compostas. Antes de uma batalha, espera-se que um general exorte suas tropas, que se dirija aos soldados para lembrar-lhes os grandes feitos de seus ancestrais ou o caráter sombrio dos desígnios do inimigo. Momento de eloquência mais do que de gestão militar.

Tucídides tem um cuidado extremo, e provavelmente um prazer não menos vivo, ao perfazer esses discursos. São pedaços de uma antologia: balanço da situação econômica ou militar, análise da psicologia dos adversários, justificação das decisões... Esses discursos fictícios combinam diversos gêneros. Sua composição propriamente literária destina-se, naturalmente, aos leitores futuros, e não aos homens da tropa, que supostamente escutam o que lhes é dito desse modo.

O historiador antigo se dirige à posteridade. Logo de início, os séculos que estão por vir tornam-se seu auditório; o futuro, seu terreno; o horizonte mais longínquo, sua esperança. O relato dos acontecimentos não é, em última análise, senão um pretexto, indispensável, mas secundário. Dizer quem ganhou uma batalha, em que data e em que circunstâncias é algo necessário, mas de modo algum suficiente. Deve-se poder extrair lições disso, particularmente ensinamentos morais.

Por isso, a seleção de fatos, sua composição e sua perspectivação têm mais relação com o que faz o romancista do que com os métodos do historiador. Isso porque, mais uma vez, a posteridade é incluída no relato. Desde o começo, o autor teve a sensação de que a Guerra do Peloponeso seria decisiva. Por isso ele segue seus desdobramentos.

Trata-se, pois, de um historiador contemporâneo da guerra que observa, que escruta seu desenvolvimento e peripécias durante dezoito anos. Sua primeira decisão foi entender a situação crucial. Imaginemos um contemporâneo que tivesse tido a sensação, em 11 de setembro de 2001, de que começara, naquele dia, um conflito central da história contemporânea. Ele teria passado a seguir

SABER O PREÇO DO TEMPO

todos os desenvolvimentos da guerra contra o terror, desde os ataques dos movimentos terroristas até as evoluções das estratégias da Al-Qaeda, da CIA etc.

Essa comparação logo encontrará seu limite, mas, como ponto de partida, ela não parece falsa. O que é surpreendente está em outro lugar. Tucídides não apenas tem convicção da importância futura da guerra cujo início ele presencia. Ele experimenta a sensação de que todas as informações e testemunhos que ele reunirá, de tudo o que ele irá recompor como discursos e explicações a respeito dessa crise longa, complexa e decisiva, irá constituir uma obra que atravessará o tempo.

Isso é algo que não temos mais e que chega a nos parecer muito surpreendente. Já presente nos heróis de Homero, que têm a sensação de que suas façanhas continuarão a ser cantadas através dos séculos, a obsessão com a posteridade habita o historiador ao longo de todo o seu trabalho. A obra que ele compõe, diz ele inicialmente, constituirá um *ktéma es aei*, um "tesouro para sempre". O que o historiador faz será uma conquista definitiva, uma obra que valerá pela eternidade.

Que lições?

Os historiadores antigos deveriam então ser considerados heróis singulares, que travam a seu modo estranhos combates contra a morte? Isso não é algo impossível. No fim das contas, eles fazem os defuntos falarem, conservam dos desaparecidos os grandes feitos como pequenas mesquinharias, gravam para o futuro alianças, traições, façanhas e vilanias de uns e de outros. Eles procuram reter, mesmo que para isso tenham de fazer recomposições, as conversações, os grandes momentos de eloquência de políticos e generais. Eles se esforçam em compreender

a psicologia dos atores desaparecidos como as causas e as consequências de fatos que evaporaram.

Com a ambição sempre obstinada de que essa massa de detalhes e de razões possa se conservar eternamente. Com efeito, eles
escrutam a vida para fazê-la escapar da morte, mas também para
entregá-la à morte, fixando-a para sempre.

10

Partir sem arrependimentos

Calano, Sêneca

Repetiu-se mil vezes o seguinte: à nossa época falta, mais do que a qualquer outra, familiaridade com a morte. Os indivíduos sempre morrem, inelutavelmente, isso é óbvio. Mas escondidos, à parte, no hospital, quase às pressas. A espera da morte, o cuidado com sua preparação e a celebração de sua chegada não estão no centro de nossas preocupações. É como se tivéssemos perdido o desejo de sermos mortais. Quando pensamos nisso, nós o fazemos indiretamente, em alguns momentos, por meio de desvios, de modo quase envergonhado. Afastamos esse pensamento. Esforçamo-nos para adiar a data, para combater os efeitos do tempo. Adiamos o limite, mas sem olhar para ele.

Pelo contrário, a preocupação com a morte é fundamental para os Antigos. Os gregos chamam os homens de "os mortais", por oposição aos deuses, que nunca morrem, mas não apenas por isso. Entre todos os viventes, destinados como eles a perecer, os homens são os únicos a ter consciência de que seu fim virá em algum momento. São os únicos capazes de antecipar esse desaparecimento, de interrogar-se a respeito do que acontece depois.

Ao contrário de nós, gregos e romanos consideram o medo da morte o primeiro terror a ser conjurado. Todas as escolas de sabedoria procuram dominá-lo. Desfazer-se desse pânico equivale a viver serenamente, após ser retirado o principal obstáculo que nos impedia de viver assim. Não temer a morte é o segundo dos quatro elementos do remédio de Epicuro. Ele quer explicar que a morte não é nada, que ela é apenas a privação definitiva das sensações. Dessa ausência completa não temos rigorosamente nada a temer. É preciso, pois, livrar-se — Epicuro insiste nisso e Lucrécio também — da ilusão comum de que se sentiria algo depois de morto. Isso é impossível, pois a destruição dos órgãos dos sentidos acarreta a perda de todas as sensações. Insensatos são, portanto, aqueles que temem ver seu cadáver devorado por leões, ou que se preocupam com a sepultura na qual irão apodrecer, pois, por definição, eles não sentirão nada.

Embora a morte não seja nada, o falecimento é importante. Esse momento da morte, aos olhos dos Antigos, revela de que uma vida é feita. É o instante capaz de revelar, sem escapatória, que indivíduo se é. Daí a atenção — que perdemos completamente — à maneira como se morre, às últimas palavras proferidas, à atitude durante a agonia. Para os homens da Antiguidade, é um momento crucial de verdade, esclarecedor e revelador. Nós, ao contrário, temos o hábito de morrer longe, sem ninguém ver. Quando alguém morre, desviamos o olhar. Não observamos a agonia. É justamente o inverso do que pregavam os Antigos: o momento da morte, para o qual houve preparação, permite mostrar quem se é, e para os outros permite ver com quem eles lidavam.

"Pode-se ver o fundo do pote", como diz Montaigne, perpetuando essa tradição. Por isso os Antigos são tão atentos ao falecimento de sábios e filósofos. Últimos momentos, últimas palavras: Empédocles jogando-se na lava do Etna, deixando tão somente suas sandálias, Crisipo literalmente morrendo de rir depois de ver um asno comer figos ao seu lado, Diógenes sendo intoxicado pela ingestão de um polvo cru... Sem esquecer Sócrates, necessariamente exemplar e necessariamente sublime. Respeitando as leis sob as quais foi criado, ele aceita a injusta condenação à morte pronunciada contra ele pelo povo de Atenas na assembleia e se recusa a fugir da prisão, quando era frequente que um condenado à morte — sobretudo por motivos políticos — pudesse se esquivar antes da execução da sentença e viver no exílio o resto de seus dias. Sócrates rejeita essa solução, que lhe foi proposta por seus discípulos. Como já dissemos, ele ingere a cicuta, veneno que paralisa lentamente. O frio invade seu corpo, que se entorpece. O processo dura várias horas. Sócrates é obrigado a tomar doses sucessivas e, durante esse tempo — tema que gerou numerosos quadros clássicos —, consola seus discípulos, oferece-lhes diversas lições de filosofia, de sabedoria, de civismo e de grandeza humana.

Ele parece, pois, ilustrar perfeitamente a fórmula que Platão lhe atribui no *Fedro*: "Filosofar é aprender a morrer." Frase singular, paradoxal, já que todo aprendizado pressupõe uma repetição. Aprender a tocar flauta é tocar várias vezes, recomeçar diversas vezes. Ora, ninguém morre várias vezes nem recomeça a própria morte. Impossível aprender algo que ocorrerá somente uma vez.

A fórmula significa apenas que se trata de "preparar-se para", de "preocupar-se com". *Melete thanatou* designa a preocupação, o cuidado atento (*melete*) dedicado à morte (*thanatos*). Esse aprendizado se encontra em uma longa tradição ocidental, de Montaigne a Schopenhauer. Mas ele pode ser entendido de duas maneiras. No primeiro caso, os filósofos "aprendem a morrer" no sentido de se desprender progressivamente dos bens deste mundo, recusando-se a aferrar-se à existência, a mergulhar nos desejos, nos prazeres, nas sensações. Essa recusa da vida é atribuída por Platão aos filósofos e a Sócrates em diversas passagens do *Fedro*. É provável que se trate aqui mais de sua inclinação ao ascetismo do que do ensinamento original de Sócrates.

Mais vale compreender — segundo sentido possível — que se trata de pensar na morte, de viver com essa preocupação, de preocupar-se com o fato de que se morrerá. Isso não significa que se seja tomado, que se deixe ganhar pelo medo, que se fique obcecado por esse pensamento. Pelo contrário: a consciência do caráter finito de nossa existência, a meditação aplicada à nossa finitude, as consequências que podem ser extraídas para a condução de nosso cotidiano — hora a hora, dia a dia — nos liberarão dessa angústia.

Não há dúvida de que não somos capazes, nós que estamos tão longe de reencontrar, hoje, a amplitude e a profundidade dessa preocupação libertadora. Mas podemos ao menos tentar, pelo convívio com esses textos, compensar alguns malefícios de nossa atual despreocupação, pois uma vida que ignora que vai morrer, que escolhe não saber nada sobre isso, que desvia sua atenção e seu olhar, que crê não ter limites, não ter término, e que imagina poder prosseguir indefinidamente não é mais uma vida humana.

Uma pira espetacular

NOME Calano, nascido na Índia por volta de 370 a.C.
LOCAL Índia do Norte
LEITURA *Vida de Alexandre* de Plutarco
EM RAZÃO DE Uma lenda esquecida

O primeiro exemplo de morte filosófica que me interessa é pouco conhecido. Famosa na Antiguidade — as alusões a ela podem ser encontradas durante séculos —, a morte do indiano

PARTIR SEM ARREPENDIMENTOS

Calano não deixou, na cultura dos Modernos, nenhum traço significativo. Essa é uma razão a mais para debruçar-se sobre os elementos que nos restaram. Nas *Vidas paralelas*, Plutarco menciona, em um rodeio da *Vida de Alexandre*, a presença, ao lado do jovem conquistador, de dois sábios indianos, Dandamis e Calano. Eles são "gimnosofistas", como dizem os gregos, sábios e cientistas (sofistas, derivado de *sophia*, saber e sabedoria) que vivem nus (*gumnoi*). Esses sábios nus são renunciantes indianos, ascetas que fizeram o voto da nudez.

A primeira vez que Plutarco fala deles é para salientar o quanto Alexandre se interessa pela filosofia. Ele seguiu cursos com filósofos gregos e também quer saber o que pensam esses sábios indianos. Existem numerosos testemunhos sobre as relações de Alexandre com a sabedoria indiana, especialmente o do pseudo-Calístenes, que em *O Romance de Alexandre* oferece indicações interessantes. Com efeito, as relações entre os gregos e os filósofos da Índia foram mais numerosas do que geralmente se pensa.

Calano recebeu Onesicrito, um aluno de Diógenes, e começou pedindo que ele ficasse nu se quisesse conversar. O outro sábio indiano, Dandamis, talvez mais hábil, sustentou que não valia a pena fazer isso. Calano aparece, pois, como tendo um caráter inflexível. Ele é dogmático a ponto de querer impor aos gregos os próprios costumes. Entretanto, sua presença estimulou a imaginação dos gregos a tal ponto, que ele será mencionado por séculos como exemplo de sabedoria. Esse brâmane permaneceu mais de um ano com as tropas de Alexandre e passou a ter um nome grego forjado no termo *kala*, que significa em sânscrito "saudação". Ele foi chamado de "Calano" porque sempre dizia "*kala*"... Esse apelido tornou-se posteriormente um nome comum: "calanos" (*kalanoi*, em grego antigo) designa, em certos textos, os indianos!

177

Um Passeio pela Antiguidade

O que mais marcou os gregos foi a morte de Calano. Foi nestes termos que Plutarco a relatou: "Calano, que há pouco tempo sofria do intestino, pediu que fosse feita para ele uma pira. Ele foi até ela a cavalo e, depois de orar, depois de se consagrar espalhando sobre si libações e depois de oferecer como primícias uma mecha de cabelo, subiu na pira, saudando com a mão os macedônios presentes e convidando-os a passar o dia na alegria e bebendo com o rei, disse que voltaria a vê-los em breve na Babilônia. Dito isso, ele se deitou e cobriu o rosto. Com a aproximação do fogo, ele não se mexeu e manteve a posição que assumira ao deitar-se. Esse sacrifício estava de acordo com o costume ancestral dos sofistas de seu país."

Esse relato, em si mesmo um tanto estranho, não corresponde, apesar do que diz Plutarco, aos costumes do brâmanes. Não é impossível que um homem vivo dê fim à própria vida sobre uma pira, mas o fato é raro. Normalmente, ele é incinerado após a morte. A maneira como Calano morre não constitui uma prática normal na Índia, tampouco frequente. No entanto, essa cena tornou-se canônica para os gregos. De tal modo impressionados pelo espetáculo desse homem que morreu em meio às chamas sem emitir um único grito, diante do exército reunido, todos os macedônios assistindo a essa grande cena, os textos repetiram que todos os indianos morriam desse modo!

A morte de Calano fez surgir um mito duradouro sobre a morte filosófica indiana. Ele se encontra notadamente em Luciano, no *Peregrinus Proteus*: foi ao subir vivo sobre uma pira, "como fazem os indianos", que esse cristão que se tornou cínico pôs fim a seus dias, como tinha anunciado com antecedência. Muito tardiamente, no começo da era bizantina, ainda há a referência a Calano para descrever a maneira como os brâmanes morrem.

O que chocou os gregos não foi o caráter estranho e quase exótico desse pretenso ritual. Nessa morte voluntária, eles viam

PARTIR SEM ARREPENDIMENTOS

realizada sobretudo a vontade do sábio — suficientemente firme, livre e forte para decidir pôr um fim a sua existência caso as circunstâncias assim o exigissem. O estilo corajoso e também enigmático do suicídio de Calano pareceu-lhes ser a demonstração de um domínio de si excepcional, a manifestação de uma sabedoria superior.

Se excetuarmos a chegada a cavalo, o rosto coberto, a grandiosa pira, Calano se juntará a uma tradição que atravessa a Grécia e Roma: a da morte voluntária assumida, que é aplicada quando necessário, e sem que haja elementos para criar toda uma história com ela. Isso fica mais claro ainda no exemplo — esse, sim, bastante conhecido — da morte de Sêneca.

Um suicídio tão longo

NOME	Sêneca, nascido em 4 a.C. em Córdoba
LOCAL	Roma
LEITURAS	*Cartas a Lucílio*
EM RAZÃO DE	Seu estilo de pensamento e de escrita

O estoicismo é, em primeiro lugar, uma filosofia do fazer, do costume, do ato. Trata-se de colocar em ação os preceitos. O essencial é a ação, o que se faz, mais do que as intenções. Esse aspecto da doutrina estoica, quando aplicado à morte, pode ser entendido de duas maneiras.

Pode-se entender que morrer é o que fazemos de modo permanente, constante, praticamente cotidiano. Desse modo, a morte, no pensamento de Sêneca, não é o ponto final que chegaria, como que por surpresa ou por acréscimo, ao fim do percurso. Ela nos acompanha de ponta a ponta, nós a vivemos no dia a dia, avançamos rumo a ela de hora em hora.

Torna-se então inexato se exprimir nos termos de um progresso ou de um encaminhamento rumo a um fim. Sêneca insiste antes na coexistência permanente da vida e da morte, em sua estreita imbricação. Ou, mais exatamente, em sua coextensividade: assim que vemos a luz, tomamos o caminho da morte, andamos rumo ao termo fatal, como ele diz em um de seus primeiros textos, a *Consolação a Márcia*. O espaço da vida e o da morte progressiva se sobrepõem com exatidão. Morrer é uma atividade de cada dia. Temos, assim, um costume da morte, uma prática permanente sem medida comum com o instante do falecimento, que ela precede durante toda a duração da existência.

A outra maneira de compreender a relação da morte com essa filosofia do ato é evidentemente o fato de dar a si mesmo, de modo soberano, a morte. Existe, incontestavelmente, uma longa fascinação de Sêneca pelo suicídio. Ele considera que devemos ter a liberdade de escolher nossa própria morte. Assim como nossa vida olha pelos outros, nossa morte, em sua opinião, diz respeito apenas a nós mesmos. Ele coleciona, se assim podemos nos expressar, os suicídios de gladiadores, de bárbaros ou de escravos — pessoas esmagadas, dominadas, escravizadas que, ao escolher morrer por si mesmas em vez de esperar que lhes seja dada a morte, manifestam por meio deste último sinal sua humanidade livre, o último sobressalto de sua independência.

Esse pensamento acompanha Sêneca ao longo de toda a sua vida meditativa. Ele caminha ao ritmo dos progressos que esse grande funcionário faz rumo à filosofia. Ele não é um profissional, ele aborda a filosofia primeiramente como amador e acabará, de tanto se exercitar, por tornar-se um dos principais mestres do pensamento estoico. Seu primeiro texto, para consolar Márcia pela perda de seu jovem filho, chega a fazer um elogio à morte, "a mais bela invenção da natureza".

180

PARTIR SEM ARREPENDIMENTOS

Logo de saída, para Sêneca, a vida não é amável senão na medida em que a morte existe. Esta última permite que escapemos quando sofremos demais, assim como nos incita, apenas por sua presença no horizonte, a mergulhar mais intensamente naquilo que vivemos. Imaginemos uma situação em que não morrêssemos: seríamos completamente diferentes. Não seríamos realmente seres humanos, pois o que nos define do modo mais certeiro é, sobretudo, diz Sêneca, que "não somos senão hóspedes, de passagem".

Por isso é preciso meditar sobre a morte constantemente. Não há dúvida de que as maneiras de pensar nela podem variar, de acordo com as circunstâncias e os contextos. Mas trata-se, apesar de tudo, de sempre pensar a mesma coisa. Na vigésima das *Cartas a Lucílio*, Sêneca afirma: "Que é a sabedoria? É sempre querer ou não querer as mesmas coisas." Para ser mais preciso: sempre pensar ou não pensar as mesmas coisas. Por isso, na carta 70, próximo ao fim de sua vida, Sêneca ainda diz que a morte é "o porto", o local para o qual se dirige a navegação de nossa existência — quaisquer que sejam a duração da viagem ou os acasos do périplo.

O que é importante não é o comprimento de uma existência, o número de anos, mas sua intensidade e sobretudo sua retidão. "O que é um bem", diz a carta 70, "não é viver, mas sim o viver bem, e é preciso preocupar-se sempre com o que será a vida, não com o quanto ela durará." Do mesmo modo, a questão não é morrer mais cedo ou mais tarde, mas "bem morrer ou mal morrer". O que significa, pois, "bem morrer" ou "mal morrer" aos olhos de Sêneca? Bem morrer é saber deixar, sem gemer, a mesa do banquete, não lamentar o que é inevitável, ter vivido o suficiente de modo reto e livre para não se sentir amarrado àquilo que se deve necessariamente deixar.

181

UM PASSEIO PELA ANTIGUIDADE

"Bem morrer" é também escolher a própria morte em vez de sofrer uma morte indigna. Tendo pensado muito em seu suicídio, não tendo cessado de repetir que seria uma maneira de poder sair da existência de modo livre e digno, Sêneca esperava que um dia fosse intimado com a ordem de pôr um fim à sua existência. Isso ocorria, durante o Império, quando o imperador queria se livrar de alguém pertencente à elite. Sêneca esperava por isso, pois não haveria impunidade para o preceptor de Nero. Entre esse estoico e esse monstro teceu-se a história de um fracasso e de um ódio.

Sêneca tentou fazer de Nero um filósofo, um imperador esclarecido, uma pessoa humana e equilibrada. O que o imperador se tornou assina o fracasso total de sua pedagogia. Por sua vez, Nero mantinha por seu mestre um ódio inextinguível: desejava tornar-se tudo o que Sêneca não queria. Nero se construiu contra ele. Ele não pôde senão alegrar-se quando surgiu a oportunidade de ordenar a seu antigo preceptor que se suicidasse. O pretexto: uma conspiração organizada por Pisão. Sêneca não participou dela, mas seu nome foi citado...

O fim não ocorre como previsto. Tácito relata o que aconteceu. Sêneca consola sua esposa, dita suas últimas vontades e não abandona em momento algum a serenidade que convém aos sábios. Enquanto seu sangue escorre e suas forças declinam, ele continua confiando a seus próximos suas últimas mensagens filosóficas. Essa constância do sábio, como salientou Paul Veyne, também é uma forma de resistência política ao absolutismo do imperador.

Existe, no entanto, uma face menos estética dessa morte. A agonia é longa e difícil. Por razões ligadas provavelmente a seu regime de vida, a sua boa saúde ou a sua magreza e a sua robustez reunidas, o corpo de Sêneca resiste longamente aos esforços para fazê-lo morrer. Tácito relata que ele abriu as próprias veias, mas que pouco sangue escorria. Ele fez cortes nas pernas para aumentar a

PARTIR SEM ARREPENDIMENTOS

hemorragia. Isso tampouco foi suficiente. Ele precisou engolir um veneno que tinha de reserva. Este não produziu o efeito esperado. Por fim, Sêneca foi levado até um forno. Ele acabou morrendo sufocado, sob os efeitos combinados do calor, do veneno e das hemorragias...

Que lições?

Nossa preocupação não é a de morrer como Sêneca num suicídio lento, difícil, comandado, finalmente grandiloquente e penoso. Somos antípodas dessas cenas que fascinaram os homens da Revolução Francesa e outros adeptos de sacrifícios heroicos. A agonia de Sêneca teve longa posteridade, tanto na pintura quanto na literatura europeia da Era Clássica, em que muitas narrativas acabaram por transformar Sêneca em uma espécie de Cristo.

O que nos é necessário é outra coisa: reter, para além das lendas ou das representações congeladas, a necessidade de viver com a proximidade, até mesmo com a presença, em nós, de uma morte progressiva, inevitável e obstinada. A questão que temos de reencontrar não é, propriamente falando, a do suicídio, tampouco a do medo de morrer.

É sobretudo a questão da íntima familiaridade com a morte. Nossa vida realmente não possui peso, lastro e sentido se não nos soubermos mortais. Não com um saber abstrato, longínquo, geral, mas, pelo contrário, com um conhecimento interno, contínuo, domesticado. Sêneca e muitos Antigos não cessam de nos convidar a fazer esse exercício.

Esse treinamento é ainda mais indispensável porque, como a história contemporânea mostrou, o alongamento da vida, os cuidados e as preocupações de que ela é objeto podem ser acompanhados por uma proliferação de massacres, por uma intensificação sem precedentes da indiferença e da barbárie. É possível que ter a morte em mente, esforçar-se por domesticá-la de modo contínuo, lento e permanente seja um meio de contribuir para evitar tanto o assassínio do outro quanto o esquecimento de si.

Conclusão

Humanidades e humanidade

> "Os antigos, Senhor, são os antigos, e nós somos as pessoas de agora."
>
> Molière, *O doente imaginário*, ato II, cena 7

Seria tão simples se houvesse uma receita para viver. Seria preciso apenas seguir as instruções: ingredientes, utensílios, recipientes, temperaturas, duração, temperos... e pronto, assim se viveria. Conforme o modelo provado, de acordo com uma indiscutível tradição. Seria tranquilizador. Ao menos em um primeiro momento. Com efeito, esse estrito enquadramento rapidamente se tornaria sufocante. E, por fim, insuportável.

Não são, pois, astúcias práticas, truques e macetes para o cotidiano que é preciso pedir aos Antigos. Naturalmente, cada pessoa pode tomar de um determinado autor antigo um conselho prático, uma regra precisa. A única dificuldade é a da escolha: embriaguezes, jejuns, transes, possessões, deduções, adivinhações, exercícios espirituais, êxtases, moderações, exortações, provocações, paródias, regras de comportamento, rebeliões, exames de

UM PASSEIO PELA ANTIGUIDADE

consciência... encontra-se de tudo, e sob mil formas, na herança grega e romana. O estoque é impressionante.

Entretanto, seria um erro ficar apenas nisso. Alguns milhares de textos atravessaram os séculos — eles representam, *grosso modo*, cerca de 10% do que foi redigido na Antiguidade. Mas eles constituem algo completamente diferente de um entreposto de curiosidades ou de uma loja de acessórios. Apoderar-se de uma máxima qualquer, tentar aplicá-la, hoje, fora de seu contexto, isolada do conjunto que lhe conferia sentido, é a pior maneira de se importar com os Antigos.

Isso equivale a vestir uma toga ou a treinar para o uso da lança de bronze. Não é algo proibido ou condenável. Mas ainda assim é uma tentativa desprovida de interesse, sinal de uma estreiteza de espírito. Completamente diferente é a lição de diversidade, de abertura, de irredutível pluralidade que emana de gregos e romanos para os dias de hoje.

Reduzi-los a uma unidade é, pois, impossível. Arcaicos ou decadentes, materialistas ou místicos, líricos ou cáusticos, exaltados ou desencantados, eles não podem constituir um conjunto homogêneo sob qualquer ponto de vista que seja considerado. O mistério é que, apesar disso, eles formam um mundo, efetivamente único, organizado, mas ao mesmo tempo heterogêneo, atravessado por dissensões e dissonâncias impossíveis de eliminar.

Essa disparidade dos Antigos já foi censurada algumas vezes. Os primeiros padres insistem na cacofonia dos filósofos. Entre as diferentes escolas, há gente que diz de tudo e o seu contrário! Taciano, em seu *Discurso aos gregos*, acusa-os de sustentar qualquer coisa que lhes passasse pela cabeça — como se os filósofos ensinassem com inconsequência, por capricho, não por convicção e decisão racional. Clemente de Alexandria, nas *Miscelâneas*, e Eusébio de Cesareia, na *Preparação evangélica*, retomam diversas vezes os desacordos entre as escolas de pensamento gregas.

Conclusão

O objetivo desses intelectuais cristãos é claro: opor a unidade da revelação e a constância da palavra divina à multiplicidade dissonante da razão humana entregue a si mesma, para eles incapaz de discernir a verdade somente com as próprias forças. Os pensadores sem Deus não podem senão divagar, contradizer uns aos outros, passar indefinidamente de uma opinião para seu contrário. Essa é, essencialmente, a lição que querem fazer ouvir aqueles que se pretendem depositários da verdade divina, herdeiros dos hebreus e discípulos de Cristo.

De certa forma, eles têm razão em salientar a inencontrável unanimidade do mundo grego. Mas eles se enganam completamente, em minha opinião, vendo nisso um sinal de fraqueza. Pelo contrário, a multiplicidade de vozes — diversidade de pensamentos, heterogeneidade de princípios, de caminhos, de fins — é o que constitui a principal força dos Antigos. Seu universo é folheado, composto por uma multidão de registros e de estratos, de estágios, até mesmo de meandros e de labirintos. Ele é atravessado por querelas perpétuas. As discussões são intermináveis.

Essa variedade e essas tensões podem ser desconcertantes. Por isso nunca se deixou, ao longo da história do pensamento europeu, de fabricar uma unidade antiga. Um simples inventário das táticas empregadas, bem conhecidas pela maioria, exigiria um grande livro. Esquematicamente, trata-se sempre de reconstruir a totalidade do mundo antigo a partir de uma única parte, de um aspecto isolado que passa a ser privilegiado — mesmo correndo-se o risco de desprezar elementos que não se encaixam nessa organização reconstruída. Deve-se guardar silêncio a respeito daquilo que não se enquadrar na unificação escolhida. Serão deixados de lado ora os céticos, ora os materialistas, ou, inversamente, ora os místicos, ora os idealistas.

Consegue-se, desse modo, cindir o mundo antigo, transformá-lo em vários: autêntico e factício, profundo e superficial, já desenvolvido ou ainda retraído. Não se estará lidando com o universo dos Antigos, mas sim com planetas distintos, até mesmo galáxias concorrentes, inscritas em espaços-tempos que se ignoram reciprocamente.

Ao contrário disso, tenho a convicção de que é preciso manter a disparidade, a diversidade não redutível, pois aí residem a maior estranheza e sua mais intensa força. O risco, naturalmente, é o da dispersão, do estouro, da fragmentação. A questão central é a de procurar em que esse múltiplo, apesar de tudo, compõe um mundo.

Tensões, ligações

Como funciona um universo de tensões se ele tem de conservar, apesar de tudo, sua coerência? Pela interdependência dos elementos, cada um deles remetendo a todos os outros. Aqui reside, em minha opinião, a singularidade dos Antigos.

Essa interdependência, para citar um exemplo muito simples, é evocada pelas partes deste livro "Viver", "Pensar", "Emocionar-se", "Governar", "Morrer em paz"). É impossível viver sem pensar que se trata de viver humanamente. É impossível viver sem emocionar-se, tampouco sem governar os outros e sem governar a si mesmo, nem sem estar em paz, tanto quanto possível, com a própria morte. Cada registro se constitui tão somente em sua relação com os outros. Como a mesma observação vale para todos, cada um deles, por sua vez, constitui um cume ao qual os outros remetem. Não é possível se emocionar sem penar, sem viver, sem governar, sem morrer em paz.

CONCLUSÃO

O essencial é a correlação dos registros. Onde tendemos a dividir, separar, isolar, a diversidade interligada do mundo dos Antigos pode nos ensinar que nenhuma questão é totalmente independente de outra, radicalmente separada do resto. Não há política sem afeto, não há razão sem política, não há pensamento sem finitude. Isso é ensinado, contínua e diversamente, por Sócrates, Epicuro, Sêneca e todos os outros.

Parece-me que, ao percorrer esse caminho, aprendemos, e compreendemos, outros pontos interdependentes. Sem os conflitos, assumidos ou evitados, não existiriam nem guerra nem sabedoria, nem dores nem loucura. O mundo antigo tem um senso agudo das duplas faces — frente-verso, união dos opostos. A razão não pode ser separada de uma meditação sobre sua ausência — na vida animal, na desmedida ou na loucura. Racional e irracional são pensados conjuntamente, um em relação ao outro.

O mesmo é válido para tempo e eternidade, vida e morte, memória e esquecimento, ordem e caos. Ou então indivíduo e comunidade, amor e ódio, guerra e paz, felicidade e infelicidade, liberdade e destino. A lista não é restritiva. A cada vez, as correntes de ideias são constituídas de elos duplos. Entretanto, essas correntes de ideias nunca são fechadas sobre si mesmas. Elas formam espirais, e não círculos, porque permanecem abertas.

A ignorância e o amor

A ignorância mantém essa abertura. Não qualquer uma, mas essa forma particular de ignorância que é a consciência de não saber, o desejo de procurar, portanto. Naturalmente, pensa-se em Sócrates imediatamente ("tudo que sei é que nada sei"), mas também nos primeiros físicos da escola de Mileto, do século VI a.C., e nos últimos neoplatônicos, do século VI d.C. Com efeito, a observação

189

é válida para todos, pois a sensação primeira de não ter resposta, e mesmo de ter perdido as evidências anteriores, é sempre o que inaugura seus périplos, por mais divergentes que sejam.

Ignorar, aqui, não é evidentemente um estado fechado, tampouco uma situação estável. É o impulso que faz com que se deseje saber. Um desencantamento primeiro coloca o pensamento em movimento. Uma tristeza inaugural incita à alegria de investigar. A dúvida corroeu as respostas aceitas, desfez as crenças precedentes. A ignorância abre para a vertigem das pesquisas perpétuas, pois a falta que ela indica nunca será preenchida, a fenda jamais será fechada.

Nenhuma sutura virá celebrar o último dia das buscas, pois cada novo saber aumenta a ignorância. Quanto mais se sabe, mais se pode entrever tudo o que não se sabe ainda. Aí começa a corrida infinita: o saber aumenta a ignorância, que incita a saber, o que conduz a mais saber, a uma maior ignorância, portanto. O desejo de saber é por natureza insaciável.

Nisso ele se parece com o amor. Junto com a ignorância, ele é o outro vetor de abertura e de coerência desse mundo heterogêneo. Evidentemente, ele atravessa tudo — qualquer um que tenha frequentado os Antigos, mesmo que pouco, sabe perfeitamente disso. De Homero aos trágicos, do *Banquete* de Platão ao pertencimento à pólis, da ciência ao último instante do falecimento, o amor sob todas as suas formas — amor pelo corpo, pelo prazer, pela pátria, pelo dever, pelo poder, pela verdade, pela imortalidade, pelo nada... — une à distância os opostos, magnetiza e reúne elementos heterogêneos, faz circular os fluxos entre os polos antagônicos.

Aqui tampouco será feita qualquer triagem. Seria vão ou nocivo. Convém aceitar todas as formas desse inapreensível elemento circulante. Amor entre Sócrates e Alcibíades, entre Édipo e sua mãe, entre Filémon e Baucis — sexo vulgar e música celestial,

CONCLUSÃO

simpatia dos elementos do universo e abordagem de soldados por prostitutas. Pois a grande lição é a de que, entre negativo e positivo, a relação, aqui, não é a que se pensa.

Na Antiguidade ocidental está em jogo, em última análise, a positividade do negativo. Sempre alguma coisa é investigada: dogmas caem, certezas são postas em xeque, evidências são contraditas, crenças são transformadas em dúvida. A crítica nem sequer poupa os deuses ou as leis, as virtudes ou os sentimentos, a natureza ou o sagrado.

A razão — e a ignorância, e o amor — cria um turbilhão, uma espiral, uma espécie de buraco negro em que se afundam mitos e princípios, saberes e crenças. Assim, o poder do pensamento é corrosivo e destruidor. Ele derruba, uma por uma, as histórias que são contadas. Há como que um niilismo próprio dessa civilização, continuamente levada à demolição dos próprios edifícios, obstinada em colocar à prova as próprias conquistas.

Que nada permaneça ao abrigo. Que tudo seja exposto à crítica. Que a suspeição não poupe nenhuma convicção, não evite nenhuma certeza: esse é o cerne do movimento. Sem dúvida, a realidade histórica é mais complexa e mais lenta. Apesar disso, ela segue incontestavelmente esse movimento de fundo.

Mas seu resultado não é o que se imagina. O paradoxo é a força estimulante desse niilismo. Os dogmas foram destruídos? A tolerância e a liberdade nascem. As leis foram criticadas? A democracia e o progresso se instalam. Os costumes antigos foram ridicularizados? A autonomia das pessoas se anuncia. Quanto mais desmoronam as antigas certezas, mais se constituem novas liberdades. O corrosivo revela-se emancipador, a destruição estimula novos processos. Ao avançar nessa direção, dever-se-ia perceber melhor como humanidades e humanidade estão interligadas.

191

Plural e singular

Não nos perguntamos o suficiente sobre como, do singular para o plural, varia o sentido daquilo a que chamamos "humanidade". Com o plural designam-se o estudo das línguas grega e latina e a leitura das obras que elas produziram. Como todos sabem, o termo "humanismo" é associado a esse imenso movimento cultural que procurou — em primeiro lugar nos séculos XIV e XV, na Itália, e depois na Alemanha, na França e em toda a Europa — retornar aos textos da Antiguidade. Tratava-se de reunir os textos antigos, estabelecê-los, editá-los. As tarefas seguintes eram compreendê-los e comentá-los, eventualmente traduzi-los, mas sobretudo apreender seu espírito e tentar formulá-lo — contra as deformações e os esquecimentos de que a "barbárie" medieval era considerada responsável.

Esses estudos conservaram essa denominação porque se considera que tornam "mais humanos" aqueles que se dedicam a eles, porque o lugar central do homem é enfatizado por muitos autores do Renascimento e também porque sua dignidade é evidenciada, especialmente pelo famoso *Discurso da dignidade do homem* (1486), de Pico della Mirandola. Porque, de modo mais geral, considera-se que esses estudos transmitem uma forma singular de conhecimento da "humanidade". Em que sentido? De que humanidade se trata aqui?

Não é a coleção de indivíduos da espécie humana espalhados atualmente pelo planeta, tampouco a evolução dessa espécie. Humanidade, nesse caso, não deve ser entendida em um sentido biológico, demográfico ou geográfico. Trata-se de uma natureza moral, de uma qualidade ou de um vínculo entre as pessoas humanas. Quando se fala de "mostrar humanidade", é essa noção que se tem em mente, mesmo que não se conheça o sentido exato da expressão.

Conclusão

Cícero elaborou com clareza a análise dessa *humanitas*, que é uma virtude ética e política. Nem dado biológico da espécie nem simples tendência psicológica ao respeito de outrem ou à clemência, a "humanidade" é uma disposição moral natural para a solidariedade em relação a nossos semelhantes. Ela deve ser sustentada, garantida e favorecida por uma ordem jurídica e política. O que a sociedade deve garantir, do ponto de vista de Cícero, é a possibilidade do desenvolvimento dessa virtude natural de humanidade. A civilização é uma humanização. Do contrário, ela não seria nada.

Sigamos essa pista até o fim. As humanidades contribuem para a humanização: esse é o resultado possível. Ao aprender grego e latim, ao ler Homero, Heródoto, Platão, Epicuro e mais cem outros, ao frequentar Virgílio, Sêneca ou Tácito, nos tornamos mais humanos? Sim, é justamente isso que acontece. Então será dito imediatamente: essa é uma arrogância exorbitante, um eurocentrismo arcaico e infundado, um imperialismo cultural insuportável e risível... Tempo perdido: essas imprecações erram o alvo.

Nada diz que existe uma única maneira de ser humano. Nem que essa seja a melhor. Nenhuma superioridade é reivindicada, mas sim uma singularidade. Falar grego e latim, pensar com e dentro dessas línguas, viver com os autores que elas produziram é efetivamente se incluir em certo tipo de vínculo humano. Mais uma vez, isso não significa de nenhum modo que esse seja o único nem que ocupe uma posição hierárquica qualquer em face de outras maneiras de constituir um mundo.

Nunca deixei de combater o fechamento imaginário da filosofia nos limites de uma pretensa origem grega. Essa opção do tipo "tudo é grego" é um mito moderno, alemão e falacioso. No entanto, interessar-se como filósofo pela Índia, pelo budismo, pelos tratados sânscritos, não significa de modo algum se desinteressar pelo grego e pelo latim. O fato de que existe uma enorme quantidade de textos exclusivamente filosóficos em sânscrito, em chinês, em hebraico, em árabe, em persa, invalida a ridícula pretensão de um privilégio absoluto do grego.

Mas, por outro lado, isso tampouco suprime a singularidade grego-latina. Desfazer a compartimentação cultural, criticar os mitos de supremacia e lutar contra a supervalorização do destino ocidental não significa negar o mérito ou a singularidade da Antiguidade grega e romana. É preciso repetir isso sempre. Deveria ser inútil, de tão evidente. Entretanto, na confusão existente, é melhor precisar o que é evidente.

Reinventar a viagem

As coisas vão mal para as humanidades. O ensino de línguas antigas reduz-se ano a ano. Dos colégios, essa situação atingiu a universidade. Agora ela está afetando a formação e o recrutamento de professores e também a pesquisa. Não é preciso ser catastrofista para temer o pior. Uma nova era de trevas é possível, até provável. Nada impede que não se saiba mais, em poucas gerações, o grego antigo ou mesmo o latim. Certamente nada morrerá totalmente: os velhos textos já passaram por situações assim. Eles sabem ficar escondidos durante séculos em meio ao mofo e ao esquecimento. Mas viveremos sem eles. Muito menos bem. Muito menos humanos.

Todas as mobilizações são úteis diante dessa eventualidade. Individuais, associativas, profissionais. Todos os meios têm de ser conjugados. Desejo que essas resistências tenham a amplitude necessária e a inteligência exigida, sem esquecer a tenacidade que é preciso ter. Na verdade, tenho minhas dúvidas. Não da resolução dos amantes da Antiguidade ou da determinação dos últimos humanistas, mas de sua quantidade e de seu peso.

Com quantas divisões contam as humanidades? Com poucas, no fim das contas. E cada vez menos. Em comparação com as forças do esquecimento, quase nada. Em relação à desumanidade corrente, zero. O mais grave, contudo, não é a falta de meios ou de público, mas o que está por trás disso: uma carência de imaginário. Socialmente, nossa representação da Antiguidade está em pane. Os Antigos estão desempregados. Eles não são mais modelos nem heróis. Nem objetos de desejo ou de curiosidade. Eles desaparecem na bruma cultural.

Apesar disso, e contra todas as evidências, parece-me que não há motivo para desesperar-se. Pelo contrário. Pode até ser que o princípio da positividade do negativo se aplique à situação presente. Os Antigos não têm mais nenhum papel a desempenhar? Então é hora de reinventá-los. Eles não são mais aprendidos de cor? Isso ocorre porque estão online, disponíveis na internet, para todos, em todos os lugares, gratuitamente. Estamos nos tornando bárbaros? Uma razão a mais para pilhar os tesouros antigos, sem respeito, sem regras.

Gênios que tratamos com familiaridade, incontáveis itinerários pessoais, Antigos em cores, longínquos, mas próximos... Talvez seja o esboço de outra história. Nada impede que ela comece hoje. Para aqueles que realmente quiserem.

Este livro foi impresso no
Sistema Digital Instant Duplex da Divisão Gráfica da
DISTRIBUIDORA RECORD DE SERVIÇOS DE IMPRENSA S.A.
Rua Argentina, 171 - Rio de Janeiro/RJ - Tel.: (21) 2585-2000